TRADICINIŲ ITALISKŲ PATIEKALŲ KNYGA

100 SKANČIŲ RECEPTŲ NUO UŽKARČIO IKI DESERTO

JANKELIS IVANOVA

Visos teisės saugomos.

Atsisakymas

Šioje el. knygoje pateikta informacija turi būti visapusiškas strategijų, apie kurias šios el. knygos autorius atliko tyrimą, rinkinys. Santraukos, strategijos, patarimai ir gudrybės yra tik autoriaus rekomendacijos, o šios el. knygos skaitymas negarantuoja, kad rezultatai tiksliai atspindės autoriaus rezultatus. El. knygos autorius dėjo visas pagrįstas pastangas, kad pateiktų naujausią ir tikslią informaciją el. knygos skaitytojams. Autorius ir jo partneriai neprisiima atsakomybės už bet kokias netyčines klaidas ar praleidimus. El. knygos medžiagoje gali būti trečiųjų šalių informacijos. Trečiųjų šalių medžiagą sudaro jų savininkų nuomonė. Todėl el. knygos autorius neprisiima atsakomybės už bet kokią trečiųjų šalių medžiagą ar nuomones.

El. knygos autorių teisės priklauso © 2022, visos teisės saugomos. Draudžiama perskirstyti, kopijuoti arba kurti išvestinį darbą iš šios el. knygos visos ar jos dalies. Jokia šios ataskaitos dalis negali būti atgaminta ar perduota bet kokia forma be raštiško ir pasirašyto autoriaus leidimo.

TURINYS

TURINYS3..

ĮVADAS7..

UŽKARTAI IR UŽKANDŽIAI8..................................

1. Aštrios marinuotos paprikos9..........................
2. Scuola di Pizza11......................................
3. Buricotta su peperonata ir raudonėliu15..............
4. Bulvės, kiaušinis ir šoninė18.........................
5. Strakinas su artišokais, citrina ir alyvuogėmis21....
6. Bianca su Fontina, Mozzarella ir Sage25..............
7. Picos rutuliukai....................................29
8. Itališkos vištienos pyrago kąsneliai................32
9. Arancini kamuoliukai................................34
10. Itališki Nachos....................................38
11. Itališki Pepperoni Roll-up.........................41
12. Sūrio galette su saliamiu..........................44
13. Mocarelos pyragėliai ir spagečiai..................47
14. Sūrio tortellini iešmeliai50.......................
15. Toskanos stiliaus mėsos kukulių paplotėlis52.......
16. Česnakinio skrebučio kotletų slankikliai56.........
17. Seitano picos puodeliai58..........................
18. Traškios krevečių apkepėlės........................61
19. Įdaryti pomidorai..................................64
20. Druskos menkės apkepas su Aioli....................66
21. Krevečių kroketai..................................70
22. Traškios bulvės su prieskoniais....................73
23. Krevetės gambas....................................76
24. Midijų vinaigretė..................................78
25. Ryžiais įdaryti pipirai............................81
26. Kalmarai su rozmarinų ir čili aliejumi.............84
27. Tortellini salotos.................................87

28. Caprese makaronų salotos..................89
29. Balzaminė Bruschetta..................91

TEŠLA 94

30. Manų kruopų tešla..................95
31. Sausa tešla..................97
32. Pagrindinė makaronų tešla..................99

PASTA 101

33. Scuola di Pasta..................102
34. Ziti su dešra..................106
35. Pagaminta lazanija..................109
36. Baklažanų mezzalunos ir pomidorų konfit..................112
37. Ratatouille lazanija..................116
38. Baklažanų cannelloni..................120
39. Artišokų špinatų makaronų padažas..................123
40. Kepti rigatoni ir kotletai..................125
41. Kepta penė su kalakutienos kukuliais..................127

SALOTOS 130

42. Nancy kapotos salotos..................131
43. Mozza caprese salotos..................134
44. Stracciatella su salierų ir žolelių salotomis..................138
45. Torta della Nonna..................141
46. Keptuvėje kepti kiaulienos kotletai su alyvuogėmis..................147
47. Tortellini salotos..................151
48. Caprese makaronų salotos..................153

PAGRINDINIS PATIEKALAS 155

49. Itališki ispaniški ryžiai..................156
50. Itališka Twist Paella..................159
51. Ispaniškos bulvių salotos..................162
52. Ispaniška karbonara..................165
53. Mėsos kukuliai pomidorų padaže..................167
54. Baltųjų pupelių sriuba..................170
55. Žuvies sriuba..................173

56. Makaronai e Fagioli..176
57. Mėsos ir tortellini sriuba...179
58. Vištiena Marsala..182
59. Česnakinė Čederio vištiena...185
60. Vištiena Fettuccini Alfredo..188
61. Ziti su dešra..191
62. Dešra ir pipirai..194
63. Pagaminta lazanija...197
64. „Diavolo" jūros gėrybių vakarienė.......................................200
65. Linguine ir krevetės Scampi...203
66. Krevetės su Pesto grietinėlės padažu..................................206
67. Žuvies ir chorizo sriuba..209
68. Ispanų Ratatouille...212
69. Pupelių ir Chorizo troškinys..215
70. Gazpačas..218
71. Kalmarai ir ryžiai...221
72. Triušio troškinys pomidoruose..224
73. Krevetės su pankoliu..227
74. Keptas Bolonijos rizotas...230
75. Pomidorų rizotas ir grybai..234

DESERTAS238..

76. Itališkas artišokų pyragas...239
77. Spagečių mėsos kukulių pyragas..242
78. Šokoladinė Panna Cotta..245
79. Sūrio galette su saliamiu...247
80. Tiramisu..250
81. Kreminis rikotos pyragas..253
82. Anisetės sausainiai...255
83. Panna Cotta..258
84. Caramel Flan..260
85. Kataloniškas kremas...262
86. Apelsinų-citrinų ispaniškas kremas......................................265
87. Girtas melionas...267
88. Migdolų šerbetas..269
89. Ispaniškas obuolių pyragas..271

90. Karamelinis kremas.. 274
91. Ispaniškas sūrio pyragas.. 276
92. Ispaniškas keptas kremas.. 279
93. Itališkas artišokų pyragas.. 282
94. Itališki kepti persikai.. 285
95. Aštrus itališkas džiovintų slyvų pyragas.. 287
96. Ispaniški riešutų saldainiai.. 290
97. Medaus pudingas.. 292
98. Ispaniškas svogūnų pyragas.. 295
99. Ispaniškas keptuvės suflė.. 298
100. Šaldytas medus Semifreddo.. 300

IŠVADA303..

ĮVADAS

Tradicinis itališkas patiekalas yra vienas maloniausių ir skaniausių dalykų, kuriais gali mėgautis kiekvienas.

Autentiškas itališkas pojūtis perteikiamas visoje knygoje, kai tyrinėjame patiekalus nuo užkandžių iki desertų, kuriuos patiektumėte ant stalo namuose. Tačiau nepainiokite autentiško su įprastu!

Visoje knygoje pateikiame visas sūrio rūšis.

Taip pat rasite visas gudrybes, kaip gaminti naminius makaronus, želė ir picas, kurių skonis tarsi atkeliautų tiesiai iš Italijos.

UŽKARTAI IR UŽKANDŽIAI

1. Aštrūs marinuoti pipirai

Ingridientai

- 4 puodeliai baltojo vyno acto
- 2 šaukštai medaus
- 1 arbatinis šaukštelis kadagio uogų
- 1 arbatinis šaukštelis sveikų gvazdikėlių
- 2 arbatiniai šaukšteliai juodųjų pipirų
- 2 džiovinti lauro lapai
- 3/4 svaro Fresno čili (raudonieji jalapeño pipirai), nuplauti, palikti stiebai

Kryptys

a) Vidutiniame puode sumaišykite actą, medų, kadagio uogas, gvazdikėlius, pipirų žirnelius ir lauro lapus ir užvirkite skystį ant stiprios ugnies. Sumažinkite ugnį ir užvirinkite sūrymą 10 minučių, kad skoniai susimaišytų. Suberkite čili ir padidinkite ugnį iki didelės, kad sūrymas vėl užvirtų. Sumažinkite ugnį ir troškinkite čili, kol jie šiek tiek suminkštės, bet vis tiek išlaikys formą, 4–6 minutes.

b) Išjunkite ugnį ir atidėkite čili į šalį, kad atvėstų sūryme. Naudokite čili arba perkelkite juos kartu su sūrymo skysčiu į sandarų indą ir šaldykite iki kelių savaičių.

2. Scuola di Pizza

Kryptys

a) Pasirinkite, kurią (-ias) picą (-as) norite gaminti, ir paruoškite visus reikiamus ingredientus.

b) Išimkite orkaitės groteles ir padėkite picos akmenį ant orkaitės grindų. Picos akmuo sugeria ir tolygiai paskirsto šilumą, o tai padeda pasiekti traškią plutą. Įsigykite kokybišką akmenį, kuris neskilinės nuo didelio karščio. Žiupsneliu naudokite apatinę storos kepimo skardos pusę.

c) Įkaitinkite orkaitę ir akmenį iki 500 °F arba tiek karštos, kiek jūsų orkaitė veiks, mažiausiai 1 valandą.

d) Sukurkite picų stotį, kurioje yra dubenys, pilni alyvuogių aliejaus, košerinės druskos ir ingredientų, reikalingų jūsų pasirinktoms picoms gaminti.

e) Paruoškite dubenį su miltais, kad galėtumėte nuvalyti stalviršį.

f) Paruoškite dubenį su manų kruopomis, kad nuvalysite picos žievelę, įrankį su ilga rankena ir dideliu, plokščiu metaliniu arba mediniu paviršiumi picoms įstumti į orkaitę ir iš jos.

g) Kai tešla bus paruošta, gausiai pabarstykite miltais savo darbo paviršių ir vieną tešlos ratą padėkite į miltais pabarstyto paviršiaus centrą. Tešlą lengvai pabarstykite miltais.

h) Pirštų galiukais taip, lyg bakstelėtumėte į fortepijono klavišus, švelniai bakstelėkite į tešlos vidurį, kad ji šiek tiek išlygintų ir nepaliestų 1 colio kraštelio.

i) Paimkite tešlą, sumuškite abu kumščius ir kumščiais atsukę į kūną viršutinį tešlos kraštą uždėkite ant kumščių, kad apvali dalis išsitiestų žemyn, prie jūsų rankų nugarų, toliau nuo jų.

j) Perkelkite tešlos ratą aplink kumščius kaip laikrodžio rodykles, kad tešla ir toliau temptųsi žemyn į apskritimą.

k) Kai tešla ištemps iki maždaug 10 colių skersmens, padėkite ją ant miltais pabarstyto paviršiaus.

l) Tešlos kraštą patepkite alyvuogių aliejumi ir tešlos paviršių pabarstykite košerine druska.

m) Aprengkite picą, nepamirškite palikti 1 colio kraštelio be padažo ar pertepimo.

n) Picos žievelę apibarstykite manų kruopomis ir vienu ryžtingu paspaudimu pastumkite picos žievelę po pica. Mažiau tikėtina, kad tešlą suplėšysite ar nesugadinsite vienu geru žievelės paspaudimu nei keliais preliminariais paspaudimais. Pakeiskite picos formą ant žievelės, jei ji prarado formą. Švelniai pakratykite žievelę, kad nustatytumėte, ar tešla lengvai išsiskirs orkaitėje. Jei limpa prie žievelės, atsargiai pakelkite vieną tešlos pusę ir po ja užmeskite dar manų kruopų. Darykite tai keliais skirtingais kampais, kol po visa pluta bus manų kruopos.

o) Atidarykite orkaitės dureles ir padėkite tešlą ant įkaitinto picos akmens. Vėl ryžtingai judėdami, patraukite žievelę link savęs, kad pica liktų ant akmens.

p) Kepkite picą, kol ji taps auksinės rudos spalvos, o karnizas arba apvadas taps traškus ir susitrauks, 8–12 minučių. Gaminimo laikas skiriasi priklausomai nuo jūsų orkaitės galios.

q) Kol pica kepama orkaitėje, ant švarios, sausos pjaustymo lentos atlaisvinkite vietos arba ant stalviršio padėkite aliuminio picos apvalią apvalią picą, ant kurios padėkite iškeptą picą.

r) Kai pica iškeps, žievelę pakiškite po pluta, ištraukite iš orkaitės ir padėkite ant pjaustymo lentos arba apvalios.

s) Norėdami supjaustyti picą, naudokite kočiojantį picos pjaustytuvą. Picerijoje savuosius supjaustome į keturis skilteles, o vakarėliams dažnai supjaustome į šešias ar aštuonias dalis, kad svečiai gautų po gabalėlį picos, kol ji karšta.

3. Buricotta su peperonata ir raudonėliu

padaro 1 picą

Ingridientai

- 1 raundas picos tešlos
- 1 valgomasis šaukštas aukščiausios kokybės pirmojo spaudimo alyvuogių aliejaus
- Košerinė druska
- 1 puodelis peperonata
- 4 uncijos burikota, supjaustyta į 4 vienodus segmentus, arba šviežia rikota
- 1 arbatinis šaukštelis šviežių raudonėlio lapų
- pirmo spaudimo alyvuogių aliejus
- 1 valgomasis šaukštas jūros druskos

Kryptys

a) Paruoškite ir ištempkite tešlą ir įkaitinkite orkaitę.

b) Tešlos kraštelį aptepkite alyvuogių aliejumi ir visą paviršių pabarstykite druska. Užtepkite peperonatą ant picos, palikdami 1 colio kraštelį be jokio užpildo. Jei naudojate rikotą, sudėkite ją į dubenį ir stipriai maišykite, kad susitrauktų.

c) Į kiekvieną picos kvadrantą įdėkite vieną burikotos segmentą arba šaukštą rikotos. Įkiškite picą į orkaitę ir kepkite, kol pluta taps auksinės rudos spalvos ir traški, 8-12 minučių. Išimkite picą iš orkaitės ir supjaustykite ketvirčiais, stengdamiesi, kad sūris neperpjautų.

d) Ant picos išbarstykite raudonėlio lapelius, sūrį apšlakstykite aukščiausios kokybės alyvuogių aliejumi, pabarstykite jūros druska ir patiekite.

4. Bulvės, kiaušinis ir šoninė

Ingridientai

- 3 uncijos mažų Yukon Gold bulvių (apie 1 1/2 bulvių)
- 1 raundas picos tešlos
- 1 valgomasis šaukštas aukščiausios kokybės pirmojo spaudimo alyvuogių aliejaus
- Košerinė druska
- 2 uncijos mažai drėgnos mocarelos, supjaustytos 1/2 colio kubeliais
- 3 uncijos susmulkintos sottocenere al tartufo
- 1 uncijos fontina, supjaustyta 1/2 colio kubeliais
- 4 laiškiniai svogūnai, plonais griežinėliais
- 2 storos griežinėliai obelų rūkytos šoninės
- 1 1/2 arbatinio šaukštelio šviežių čiobrelių lapų
- 1 ypač didelis ūkyje pagamintas šviežias kiaušinis
- Maldon jūros druska arba kita dribsniai jūros druska, pvz., fleur de sel

Kryptys

a) Garinkite bulves, kol jos lengvai pradurs šakute, apie 20 minučių. Išimkite bulves ir atidėkite jas, kol jos pakankamai atvės, kad galėtumėte liesti. Mažu aštriu peiliu nuimkite nuo bulvių žievelę ir išmeskite žieveles.

b) Bulves supjaustykite 1/4 colio storio apskritimais ir sudėkite į nedidelį dubenį. Bulves naudokite arba atidėkite, kad atvėstų iki kambario temperatūros, perkelkite į sandarų indą ir šaldykite iki dviejų dienų.

c) Paruoškite ir ištempkite tešlą ir įkaitinkite orkaitę.

d) Tešlos kraštelį aptepkite alyvuogių aliejumi ir visą paviršių pabarstykite druska. Ant picos paviršiaus išbarstykite mocarelą, sottocenerą ir fontina kubelius.

e) Svogūnų griežinėlius išbarstykite ant sūrių, bulvių griežinėlius išdėliokite ant svogūnų, o bulvių griežinėlius pabarstykite druska. Šoninės griežinėlius perpjaukite per pusę skersai ir po pusę uždėkite ant kiekvieno picos kvadranto. Ant picos pabarstykite 1 arbatinį šaukštelį čiobrelių lapelių ir pašaukite į orkaitę 5 minutėms arba kol pica iškeps iki pusės. Į nedidelį dubenį įmuškite kiaušinį, išimkite picą iš orkaitės ir įmuškite kiaušinį ant picos vidurio. Grąžinkite picą į orkaitę, kol pluta taps auksinės rudos spalvos, 5–7 minutes. Išimkite picą iš orkaitės ir supjaustykite ją į ketvirčius, sustodami ties kiaušinio krašteliu, kad ji liktų nepažeista, ir įsitikinkite, kad į kiekvieną picos gabalėlį patenka šoninės.

f) Pabarstykite kiaušinį jūros druska, pabarstykite likusiais čiobrelių lapeliais ant picos ir patiekite.

5. Strakinas su artišokais, citrina ir alyvuogėmis

Ingridientai

Dėl artišokų

- 1 citrina
- 4 uncijos kūdikių artišokų (2-3 artišokai)
- 1 valgomasis šaukštas aukščiausios kokybės pirmojo spaudimo alyvuogių aliejaus
- 1 valgomasis šaukštas plonais griežinėliais pjaustytų šviežių itališkų petražolių lapelių
- 1 didelė česnako skiltelė, smulkiai pjaustyta

Už picą

- 1 raundas picos tešlos
- 1 valgomasis šaukštas aukščiausios kokybės pirmojo spaudimo alyvuogių aliejaus
- Košerinė druska
- 2 uncijos Stracchino, suplėšytas į mažus gabalėlius
- 1/2 uncijos mažai drėgnos mocarelos, supjaustytos 1/2 colio kubeliais
- 1 uncija Taggiasche arba Niçoise alyvuogių be kauliukų
- 1 arbatinis šaukštelis plonais griežinėliais pjaustytų šviežių itališkų petražolių lapelių

- 1 citrina

- Parmigiano-Reggiano pleištas, skirtas tarkavimui

- 1/2 puodelio laisvai supakuotos rukolos (geriausia laukinės rukolos)

Kryptys

a) Norėdami paruošti artišokus, į didelį dubenį įpilkite vandens. Citriną perpjaukite pusiau, išspauskite sultis į vandenį, o citrinos puseles įmeskite į vandenį.

b) Pašalinkite išorinius artišokų lapus, kol liks tik šviesiai žali centrai. Nupjaukite kietus stiebo galus, palikdami net 1 ar 2 colius. Daržovių skustuvu arba mažu aštriu peiliuku nuskusti artišokų stiebus, atskleisdami šviesiai žalius vidinius stiebus. Nupjaukite 1/2-3/4 colio nuo lapų galiukų, kad jų viršūnės būtų plokščios, ir išmeskite visus nupjautus lapus ir gabalėlius.

c) Nupjaukite virš apačios, kad atsilaisvintų visi lapai, išnarpliokite lapus ir įdėkite į parūgštintą vandenį, kad neparuduotų. Stiebus smulkiai supjaustykite ir supilkite į parūgštintą vandenį. Norėdami iš anksto paruošti artišokus, perkelkite juos kartu su parūgštintu vandeniu į sandarų indą ir laikykite šaldytuve, kol būsite pasiruošę juos naudoti arba ne ilgiau kaip dvi dienas. Nusausinkite lapus ir stiebus. Išdžiovinkite dubenį ir grąžinkite artišokus į dubenį. Įpilkite alyvuogių aliejaus, petražolių ir česnako ir išmeskite, kad artišokai pasidengtų prieskoniais.

d) Norėdami paruošti picą, paruoškite ir ištempkite tešlą ir įkaitinkite orkaitę.

e) Tešlos kraštelį aptepkite alyvuogių aliejumi ir visą paviršių pabarstykite druska. Išbarstykite artišoko lapus ant picos paviršiaus, kad padengtumėte, palikdami 1 colio picos kraštelį be užpilo. Ant artišoko lapų išbarstykite stracchino, mocarelą ir alyvuoges. Įkiškite picą į orkaitę ir kepkite, kol sūris išsilydys, o pluta taps auksinės rudos spalvos ir traški, 8–12 minučių. Išimkite picą iš orkaitės ir supjaustykite ketvirčiais.

f) Pabarstykite petražolėmis ant picos ir mikroplokštele ar kita smulkia tarka nutarkuokite citrinos žievelę.

g) Ant picos sutarkuokite lengvą Parmigiano-Reggiano sluoksnį, ant viršaus pabarstykite rukolą ir patiekite.

6. Bianca su Fontina, Mocarela ir Sage

Ingridientai

- 1 valgomasis šaukštas aukščiausios kokybės pirmojo spaudimo alyvuogių aliejaus ir dar daugiau šalavijų lapams kepti

- Košerinė druska

- 1/4 puodelio sveikų šviežių šalavijų lapų ir 1 arbatinis šaukštelis kapotų šviežių šalavijų lapų

- 1 apvali picos tešla

- 2 šaukštai riebios plaktos grietinėlės, išplaktos iki minkštų smailių

- 3 1/2 uncijos sottocenere al tartufo, susmulkinta

- 1 uncijos fontina, supjaustyta 1/2 colio kubeliais

- 1 uncijos mažai drėgnos mocarelos, supjaustytos 1/2 colio kubeliais

Kryptys

a) Į nedidelę keptuvę arba puodą iki 1 colio gylio supilkite pakankamai alyvuogių aliejaus ir išklokite nedidelę lėkštę popieriniais rankšluosčiais. Įkaitinkite aliejų ant vidutinės ir stiprios ugnies, kol į jį sušvilpės žiupsnelis druskos. Suberkite visus šalavijų lapus ir kepkite apie 30 sekundžių, kol taps traškūs ir ryškiai žali.

b) Kiaurasamčiu išimkite šalavijus iš aliejaus, perkelkite ant popierinių rankšluosčių, kad nuvarvėtų, ir pagardinkite druska.

c) Šalavijais užpiltą aliejų perkoškite perploną tinklelį ir pasilikite, kad kitą kartą pakeptumėte šalavijų arba apšlakstytų ant grotelių keptos mėsos ar daržovių. Šalavijas gali būti kepamas net prieš kelias valandas. Laikykite jį sandariame inde kambario temperatūroje.

d) Paruoškite ir ištempkite tešlą ir įkaitinkite orkaitę.

e) Tešlos kraštą patepkite 1 šaukštu alyvuogių aliejaus ir visą paviršių pabarstykite druska. Šaukštu dėkite kremą ant tešlos vidurio ir šaukšto nugarėlėmis paskirstykite jį ant tešlos paviršiaus, palikdami 1 colio kraštelį be kremo.

f) Grietinėlę pabarstykite smulkintu šalaviju, uždenkite susmulkintu sottocenere, o ant picos išbarstykite fontina ir mocarelos kubelius. Įkiškite picą į orkaitę ir kepkite, kol sūris išsilydys, o pluta taps auksinės rudos spalvos ir traški, 8–12 minučių.

g) Išimkite picą iš orkaitės ir atsargiai pakreipkite ant lėkštės, kad nuvarvėtų aliejaus perteklius. Išmeskite aliejų. Picą supjaustykite ketvirčiais, ant paviršiaus išbarstykite keptus šalavijų lapelius ir patiekite.

7. Picos rutuliukai

Porcijos: 10

Ingridientai:

- 1 svaras trupintos maltos dešros
- 2 puodeliai Bisquick mišinio
- 1 susmulkinto svogūno
- 3 susmulkintos česnako skiltelės
- ¾ arbatinio šaukštelio itališkų prieskonių
- 2 puodeliai tarkuoto mocarelos sūrio
- 1 ½ puodelio picos padažo - padalintas
- ¼ puodelio parmezano sūrio

Nurodymai:

a) Įkaitinkite orkaitę iki 400 laipsnių pagal Farenheitą.

b) Paruoškite kepimo skardą purškiant ją nepridegančiu kepimo purškalu.

c) Dubenyje sumaišykite dešrą, Bisquick mišinį, svogūną, česnaką, itališkus prieskonius, mocarelos sūrį ir 12 puodelių picos padažą.

d) Po to įpilkite tiek vandens, kad jis veiktų.

e) Iš tešlos iškočiokite 1 colio rutuliukus.

f) Pabarstykite parmezano sūriu ant picos rutuliukų.

g) Po to sudėkite rutuliukus ant kepimo skardos, kurią paruošėte.

h) Įkaitinkite orkaitę iki 350 ° F ir kepkite 20 minučių.

i) Patiekite su likusiu picos padažu šone panardinimui.

8. Itališki vištienos pyrago kąsneliai

Porcijos: 8 ryšuliai

Ingredientas

- 1 skardinė Crescent Rolls (8 ritinėliai)
- 1 puodelis pjaustytos, virtos vištienos
- 1 valgomasis šaukštas spagečių padažo
- ½ arbatinio šaukštelio malto česnako
- 1 valgomasis šaukštas Mocarelos sūrio

Kryptys:

a) Įkaitinkite orkaitę iki 350 laipsnių pagal Farenheitą. Sumaišykite vištieną, padažą ir česnaką keptuvėje ir kepkite, kol sušils.

b) Trikampiai, pagaminti iš atskirų pusmėnulio ritinėlių. Vištienos mišinį paskirstykite kiekvieno trikampio centre.

c) Jei norite, panašiai paskirstykite sūrį.

d) Suspauskite vyniotinio šonus ir apvyniokite vištieną.

e) Ant kepimo akmens kepkite 15 minučių arba iki auksinės spalvos.

9. Arancini rutuliai

Sudaro 18

Ingridientai

- 2 šaukštai alyvuogių aliejaus
- 15 g nesūdyto sviesto
- 1 svogūnas, smulkiai pjaustytas
- 1 didelė česnako skiltelė, susmulkinta
- 350 g rizoto ryžių
- 150 ml sauso baltojo vyno
- 1,2 l karšto vištienos arba daržovių sultinio
- 150 g smulkiai tarkuoto parmezano
- 1 citrina, smulkiai nulupta
- 150 g rutulinės mocarelos, supjaustytos į 18 mažų gabalėlių
- augalinis aliejus, skirtas kepti

Dėl dangos

- 150 g paprastų miltų
- 3 dideli kiaušiniai, lengvai paplakti
- 150 g smulkių džiovintų džiūvėselių

Kryptys:

a) Puode įkaitinkite aliejų ir sviestą, kol suputos. Suberkite svogūną ir žiupsnelį druskos ir virkite ant mažos ugnies 15 minučių arba kol suminkštės ir taps skaidrūs.

b) Įdėjus česnaką, pavirti dar minutę.

c) Suberkite ryžius ir pavirkite dar minutę prieš pildami vyną. Užvirinkite skystį ir virkite, kol sumažės per pusę.

d) Supilkite pusę sultinio ir toliau maišykite, kol susigers didžioji dalis skysčio.

e) Ryžiams sugeriant skystį, po samtį supilkite likusį sultinį, nuolat maišydami, kol ryžiai išvirs.

f) Įpilkite parmezano ir citrinos žievelės ir pagal skonį pagardinkite druska ir pipirais. Sudėkite rizotą į lėkštę su liptele ir atidėkite atvėsti iki kambario temperatūros.

g) Atšaldytą rizotą padalinkite į 18 lygių dalių, kurių kiekviena yra maždaug golfo kamuoliuko dydžio.

h) Delne suplokite risotto rutulį ir į centrą įdėkite gabalėlį mocarelos, tada apvyniokite sūrį ryžiuose ir suformuokite rutulį.

i) Tęskite su likusiais rizoto rutuliais tokiu pat būdu.

j) Trijuose sekliuose induose sumaišykite miltus, kiaušinius ir džiūvėsėlius. Kiekvieną rizoto rutulį pirmiausia reikia pabarstyti miltais, tada pamirkyti kiaušiniuose ir galiausiai džiūvėsėliuose. Padėkite ant lėkštės ir padėkite.

k) Didelį storadugnį puodą iki pusės pripildykite augaliniu aliejumi ir kaitinkite ant vidutinės-mažos ugnies, kol kepimo termometras parodys 170°C arba duonos gabalėlis per 45 sekundes pasidarys auksinės rudos spalvos.

l) Partijomis sudėkite rizoto rutuliukus į aliejų ir kepkite 8-10 minučių arba kol pasidarys auksinės rudos spalvos ir išsilydys centre.

m) Padėkite ant padėklo, iškloto švariu virtuviniu rankšluosčiu, ir atidėkite.

n) Patiekite arancini šiltus arba su paprastu pomidorų padažu, kad pamirkytumėte.

10.   Italijos Nachos

Porcijos: 1

Ingridientai

Alfredo padažas

- 1 puodelis pusantros
- 1 puodelis riebios grietinėlės
- 2 šaukštai nesūdyto sviesto
- 2 susmulkintos česnako skiltelės
- 1/2 puodelio parmezano
- Druskos ir pipirų
- 2 šaukštai miltų

Nachos

- Wonton įvyniokliai supjaustyti trikampiais
- 1 Vištiena virta ir susmulkinta
- Troškintos paprikos
- Mocarela sūris
- Alyvuogės
- Susmulkintos petražolės
- Parmezano sūris
- Aliejus žemės riešutų ar rapsų kepimui

Kryptys:

a) Į puodą supilkite nesūdytą sviestą ir ištirpinkite ant vidutinės ugnies.

b) Įmaišykite česnaką, kol visas sviestas ištirps.

c) Greitai suberkite miltus ir nuolat plakite, kol susimaišys ir taps auksinės spalvos.

d) Dubenyje sumaišykite riebią grietinėlę ir pusę su puse.

e) Užvirinkite, sumažinkite iki mažos ugnies ir virkite 8-10 minučių arba kol sutirštės.

f) Pagardinkite druska ir pipirais.

g) Wontons: Įkaitinkite aliejų didelėje keptuvėje ant vidutinės ugnies, maždaug 1/3 dalies.

h) Sudėkite vontonus po vieną ir kaitinkite iki vos auksinės spalvos apačioje, tada apverskite ir kepkite kitą pusę.

i) Ant kanalizacijos uždėkite popierinį rankšluostį.

j) Įkaitinkite orkaitę iki 350 ° F ir kepimo skardą išklokite pergamentiniu popieriumi, o po to - vontonais.

k) Ant viršaus uždėkite Alfredo padažo, vištienos, pipirų ir mocarelos sūrio.

l) Įdėkite po broileriu į orkaitę 5-8 minutėms arba tol, kol sūris visiškai ištirps.

11. Itališki Pepperoni suvynioti

Porcijos 35

Ingridientai

- 5 10 colių miltų tortilijos (špinatuose džiovintų pomidorų arba baltųjų miltų)
- 16 uncijų grietinėlės sūris suminkštintas
- 2 arbatinius šaukštelius malto česnako
- 1/2 stiklinės grietinės
- 1/2 puodelio parmezano sūrio
- 1/2 puodelio itališko tarkuoto sūrio arba mocarelos sūrio
- 2 arbatiniai šaukšteliai itališkų prieskonių
- 16 uncijų pepperoni griežinėliai
- 3/4 puodelio smulkiai pjaustytų geltonųjų ir oranžinių pipirų
- 1/2 puodelio smulkiai pjaustytų šviežių grybų

Kryptys:

a) Maišymo dubenyje išplakite kreminį sūrį iki vientisos masės. Dubenyje sumaišykite česnaką, grietinę, sūrius ir itališkus prieskonius. Maišykite, kol viskas gerai susimaišys.

b) Mišinį tolygiai paskirstykite tarp 5 miltinių tortilijų. Uždenkite visą tortiliją sūrio mišiniu.

c) Ant sūrio mišinio uždėkite pepperoni sluoksnį.

d) Perdenkite pepperoni su stambiai pjaustytomis paprikomis ir grybais.

e) Kiekvieną tortiliją sandariai susukite ir suvyniokite į plastikinę plėvelę.

f) Atidėkite bent 2 valandoms į šaldytuvą.

12.   Sūrioji Galette su saliamiu

5 porcijos

Ingridientai:

- 130 g sviesto
- 300 g miltų
- 1 arbatinis šaukštelis druskos
- 1 kiaušinis
- 80 ml pieno
- 1/2 arbatinio šaukštelio acto

Užpildymas:

- 1 pomidoras
- 1 saldžiosios paprikos
- cukinijos
- saliamis
- mocarela
- 1 valgomasis šaukštas alyvuogių aliejaus
- žolelių (tokių kaip čiobreliai, bazilikas, špinatai)

Kryptys:

a) Sviestą supjaustykite kubeliais.

b) Dubenyje ar keptuvėje sumaišykite aliejų, miltus ir druską ir susmulkinkite peiliu.

c) Įmuškite kiaušinį, šiek tiek acto ir šiek tiek pieno.

d) Pradėkite minkyti tešlą. Susukę į rutulį ir suvynioję į plastikinę plėvelę, pusvalandį palaikykite šaldytuve.

e) Supjaustykite visus įdaro ingredientus.

f) Įdarą dėkite į didelio tešlos apskritimo, iškloto ant kepimo popieriumi išklotos popierinės popierinės popierinės popierių, centrą (išskyrus mocarelą).

g) Apšlakstykite alyvuogių aliejumi ir pagardinkite druska bei pipirais.

h) Tada atsargiai pakelkite tešlos kraštus, apvyniokite jais persidengiančias dalis ir lengvai įspauskite.

i) Įkaitinkite orkaitę iki 200°C ir kepkite 35 minutes. Dešimt minučių iki kepimo pabaigos sudėkite mocarelą ir kepkite toliau.

j) Patiekite iš karto!

13. Mocarelos pyragaičiai ir spagečiai

Ingredientas

- 2 česnako skiltelės
- 1 krūva šviežių petražolių
- 3 salotos svogūnai; plonais griežinėliais
- 225 gramai liesos maltos kiaulienos
- 2 šaukštai Šviežiai tarkuoto parmezano
- 1 valgomasis šaukštas alyvuogių aliejaus
- 150 gramų spagečių arba tagliatelle
- 100 mililitrų karšto jautienos sultinio
- 400 gramų gali būti pjaustytų pomidorų
- 1 žiupsnelis cukraus ir 1 šaukštelis sojos padažo
- Druskos ir pipirų
- 1 Kiaušinis
- 1 valgomasis šaukštas alyvuogių aliejaus
- 75 mililitrai pieno
- 50 gramų paprastų miltų
- 150 gramų rūkytos mocarelos
- Saulėgrąžų aliejus; kepimui

- 1 citrina

Nurodymai:

a) Susmulkinkite česnaką ir smulkiai supjaustykite petražoles. Sumaišykite faršą, salotinius svogūnus, česnaką, parmezaną, petražoles ir daug druskos bei pipirų.

b) Suformuokite aštuonis tvirtus rutuliukus.

c) Kepkite kotletus, kol jie gerai apskrus. Supilkite atsargas.

d) Makaronus išvirkite didelėje keptuvėje pasūdytame vandenyje.

14. Sūrio tortellini iešmeliai

Išeiga: 8

Ingridientai

- 1 pakuotė (12 uncijų) sūrio tortellini
- 1 puodelis vyšninių pomidorų
- 1 puodelis šviežių mocarelos rutuliukų
- 1/4 svaro saliamio, plonais griežinėliais
- 1/4 puodelio šviežių baziliko lapelių
- Švelnus balzaminis glajus
- 8 mediniai iešmai

Nurodymai:

a) Užvirinkite didelį puodą vandens, tada išvirkite tortellini pagal pakuotės nurodymus.

b) Išvirusius tortellini sudėkite į kiaurasamtį ir užpilkite šaltu vandeniu, kol pasieks kambario temperatūrą.

c) Kiekvieną daiktą pradurkite ant iešmo ir nustumkite žemyn iki iešmo dugno. Prieš patiekdami, išdėliokite vėrinukus ant lėkštės ir apšlakstykite balzamiko glaistu.

15. Toskanos stiliaus mėsos kukulių paplotėlis

Išeiga: 4

Ingridientai

- 1 pakuotė (16 oz.) Veršienos kukuliai

- 4 amatininkų paplotėlių plutos

- 4 česnako skiltelės, susmulkintos

- 1 puodelis plonais griežinėliais supjaustyto raudonojo svogūno

- 2 puodeliai marinara padažo

- 1 valgomasis šaukštas alyvuogių aliejaus

- 1 arbatinis šaukštelis sausų itališkų prieskonių

- 10 uncijų. šviežių mocarelos gabalėlių, supjaustytų

- 4 uncijos. nenugriebto pieno rikotos sūrio

- 4 šaukštai plonais griežinėliais pjaustyto šviežio baziliko

Nurodymai:

a) Įkaitinkite orkaitę iki 425 laipsnių pagal Farenheitą.

b) Virkite kotletus pagal pakuotės nurodymus ir atidėkite juos į šalį.

c) Didelėje keptuvėje ant vidutinės ugnies įkaitinkite alyvuogių aliejų, tada suberkite raudonąjį svogūną ir česnaką ir kepkite, retkarčiais pamaišydami, 4–5 minutes, kol taps skaidrus ir kvapnus.

d) Paruoškite paplotį ant sausainių skardos, išklotos pergamentiniu popieriumi.

e) Ant kiekvienos paplotėlio tešlos tolygiai užtepkite 1/2 puodelio marinaros padažo, tada pagardinkite sausais itališkais prieskoniais.

f) Ant kiekvieno papločio uždėkite po 5–6 mocarelos griežinėlius.

g) Iškepusius kotletus supjaustykite apskritimais ir tolygiai paskirstykite po kiekvieną paplotį. Padalinkite raudonąjį svogūną ir česnaką tarp kotletų.

h) Kepkite papločius 8 minutes. Išimkite paplotėlius iš orkaitės ir kiekvieną užtepkite po 4 šaukštus rikotos sūrio, tada grįžkite į orkaitę dar 2 minutėms, kad rikota sušiltų.

i) Išimkite paplotį iš orkaitės, apibarstykite šviežiu baziliku ir palikite 2 minutėms, kad atvėstų.

j) Supjaustykite ir patiekite iš karto.

16. Česnakinio skrebučio kotletų slankikliai

Išeiga: 8

Ingridientai
- 1 pakuotė (26 oz.) Itališki mėsos kukuliai
- 1 indelis marinaros padažo
- 1 pakelis šaldyto Teksaso skrebučio
- 1 pakuotė supjaustyto mocarelos sūrio
- 8 švieži baziliko lapeliai - susmulkinti

Nurodymai:

a) Įkaitinkite orkaitę iki 400 laipsnių pagal Farenheitą.

b) Kepkite Teksaso skrebučius 4 minutes ant kepimo skardos.

c) Išimkite pusiau iškeptus skrebučius iš orkaitės ir kiekvieną riekelę aptepkite po 2 šaukštus marinara padažo, po to 6 kotletus ir riekelę mocarelos sūrio. Laikykite vietoje naudodami iešmą.

d) Kepkite dar 6 minutes.

e) Kiekvieną griežinėlį perpjaukite pusiau ir pabarstykite baziliko lapeliais.

f) Patiekite iš karto.

17. Seitano picos puodeliai

Padaro 2

Ingridientai

- 1 oz. pilno riebumo grietinėlės sūris
- 1 1/2 stiklinės nenugriebto pieno mocarelos sūrio
- 1 didelis kiaušinis, sumuštas
- 1 puodelis migdolų miltų
- 2 šaukštai kokosų miltų
- 1/3 puodelio picos padažo
- 1/3 puodelio susmulkinto čederio sūrio
- 1/2 pakuotės seitano arba maždaug 4 uncijos, supjaustyti kubeliais

Kryptys

a) Įkaitinkite orkaitę iki 400°F.

b) Sumaišykite grietinėlės sūrį ir mocarelą dideliame mikrobangų krosnelėje tinkamame dubenyje ir 1 minutę, keletą kartų maišydami, kepkite mikrobangų krosnelėje.

c) Įmuškite išplaktą kiaušinį ir abu miltus ir greitai maišykite, kol susidarys rutuliukas. Minkykite rankomis, kol lengvai pasidarys lipnus.

d) Padalinkite tešlą į 8 dalis. Padėkite gabalėlį tarp dviejų riebalais patepto pergamentinio popieriaus lapų ir iškočiokite kočėlu.

e) Kiekvieną tešlos gabalėlį įspauskite į riebalais pateptas bandelių formeles, kad susidarytų nedideli tešlos puodeliai.

f) Kepkite 15 minučių arba iki auksinės rudos spalvos.

g) Išimkite iš orkaitės ir apšlakstykite kiekvieną picos padažu, čederiu ir seitanu. Grąžinkite į orkaitę penkioms minutėms, kol sūris išsilydys.

h) Išimkite iš bandelių formelių ir patiekite.

18. Traškios krevečių kotletai

Tarnauja 6

Ingridientai:

- ½ svaro mažų krevečių, nuluptų
- 1½ puodelio avinžirnių arba įprastų miltų
- 1 valgomasis šaukštas kapotų šviežių plokščialapių petražolių
- 3 svogūnai, balta dalis ir šiek tiek švelnių žalių viršūnėlių, smulkiai pjaustytų
- ½ arbatinio šaukštelio saldžiosios paprikos/pimentono
- Druska
- Alyvuogių aliejus giliai kepti

Kryptys:

a) Išvirkite krevetes puode su pakankamai vandens, kad jas apsemtų, ir užvirkite ant stiprios ugnies.

b) Dubenyje arba virtuvės kombainu sumaišykite miltus, petražoles, svogūnus ir pimentą, kad gautumėte tešlą. Įpilkite atvėsinto virimo vandens ir žiupsnelį druskos.

c) Maišykite arba apdorokite, kol gausite šiek tiek tirštesnę už blynų tešlą. Uždengę šaldykite 1 valandą.

d) Išimkite krevetes iš šaldytuvo ir smulkiai sumalkite. Kavos malimas turi būti gabalėlių dydžio.

e) Išimkite tešlą iš šaldytuvo ir įmaišykite krevetes.

f) Sunkioje keptuvėje supilkite alyvuogių aliejų iki maždaug 1 colio gylio ir kaitinkite ant stiprios ugnies, kol jis praktiškai pradės rūkyti.

g) Kiekvienai trintuvei į aliejų įpilkite 1 šaukštą tešlos ir šaukšto nugarėlėmis išlyginkite tešlą į apskritą 3 1/2 colio skersmens.

h) Kepkite apie 1 minutę iš kiekvienos pusės, vieną kartą pasukdami, arba tol, kol pyragėliai taps auksiniai ir traškūs.

i) Išimkite paplotėlius kiaurasamčiu ir sudėkite į orkaitei atsparų indą.

j) Patiekite iš karto.

19. Įdaryti pomidorai

Ingridientai:

- 8 maži pomidorai arba 3 dideli
- 4 kietai virti kiaušiniai, atvėsinti ir nulupti
- 6 šaukštai Aioli arba majonezo
- Druskos ir pipirų
- 1 valgomasis šaukštas petražolių, kapotų
- 1 valgomasis šaukštas baltų džiūvėsėlių, jei naudojate didelius pomidorus

Kryptys:

a) Pomidorus 10 sekundžių nulupę verdančio vandens puode, panardinkite į dubenį su lediniu arba itin šaltu vandeniu.

b) Nupjaukite pomidorų viršūnes. Arbatiniu šaukšteliu arba mažu aštriu peiliu nugramdykite sėklas ir vidų.

c) Dubenyje sutrinkite kiaušinius su Aioli (arba majonezu, jei naudojate), druska, pipirais ir petražolėmis.

d) Pomidorus įdarykite įdaru, stipriai prispauskite. Ant mažų pomidorų uždėkite dangtelius žaismingu kampu.

e) Užpildykite pomidorus iki viršaus, stipriai spausdami, kol jie bus lygūs. Prieš supjaustydami žiedais, naudodami aštrų drožimo peilį, palaikykite šaldytuve 1 valandą.

f) Papuoškite petražolėmis.

20.   Sūdyti menkės apkepai su Aioli

Tarnauja 6

Ingridientai:

- 1 svaras druskos menkės, mirkytos
- 3 1/2 uncijos. džiovintų baltų džiūvėsėlių
- 1/4 svaro miltinių bulvių
- Alyvuogių aliejus, skirtas sekliam kepimui
- 1/4 stiklinės pieno
- Citrinos griežinėliai ir salotų lapai, patiekti
- 6 svogūnai smulkiai supjaustyti
- Aioli

Kryptys:

a) Keptuvėje su lengvai pasūdytu verdančiu vandeniu, neluptas bulves virkite apie 20 minučių arba kol suminkštės. Nusausinkite.

b) Nulupkite bulves, kai tik jos atvės, kad galėtumėte tvarkyti, tada sutrinkite šakute arba bulvių trintuvu.

c) Puode sumaišykite pieną, pusę svogūnų ir užvirinkite. Įpilkite mirkytą menkę ir troškinkite 10–15 minučių arba tol, kol ji lengvai suskils. Išimkite menkę iš keptuvės ir šakute supjaustykite į dubenį, pašalindami kaulus ir odą.

d) Įmeskite 4 šaukštus bulvių košės su menke ir sumaišykite mediniu šaukštu.

e) Sumaišykite su alyvuogių aliejumi, tada palaipsniui sudėkite likusią bulvių košę. Dubenyje sumaišykite likusius svogūnus ir petražoles.

f) Pagal skonį pagardinkite citrinos sultimis ir pipirais.

g) Atskirame dubenyje išplakite vieną kiaušinį, kol gerai susimaišys, tada atvėsinkite iki vientisos masės.

h) Atšaldytą žuvies mišinį susukite į 12–18 rutuliukų, tada švelniai suplokite į mažus apvalius paplotėlius.

i) Kiekvieną iš pradžių reikia pabarstyti miltais, tada pamirkyti likusiame išplaktame kiaušinyje ir apibarstyti sausais džiūvėsėliais.

j) Šaldykite, kol paruošite kepti.

k) Didelėje, sunkioje keptuvėje įkaitinkite apie 3/4 colio aliejaus. Kepkite kotletus apie 4 minutes ant vidutinės-stiprios ugnies.

l) Apverskite juos ir kepkite dar 4 minutes arba tol, kol iš kitos pusės taps traškūs ir auksinės spalvos.

m) Prieš patiekdami su Aioli, citrinos griežinėliais ir salotų lapais nusausinkite ant popierinių rankšluosčių.

21. Krevečių kroketai

Padaro apie 36 vienetus

Ingridientai:

- 3 1/2 uncijos. sviesto
- 4 uncijos. paprasti miltai
- 1 1/4 pintos šalto pieno
- Druskos ir pipirų
- 14 uncijų. virtos nuluptos krevetės, supjaustytos kubeliais
- 2 arbatinius šaukštelius pomidorų tyrės
- 5 arba 6 šaukštai smulkių džiūvėsėlių
- 2 dideli kiaušiniai, sumušti
- Alyvuogių aliejus giliai kepti

Kryptys:

a) Vidutiniame puode ištirpinkite sviestą ir nuolat maišydami suberkite miltus.

b) Lėtai pilkite atšaldytą pieną, nuolat maišydami, kol gausite tirštą, vientisą padažą.

c) Suberkite krevetes, gausiai pagardinkite druska ir pipirais, tada įmaišykite pomidorų pastą. Virkite dar 7–8 minutes.

d) Paimkite nedidelį šaukštą ingredientų ir susukite į 1 1/2–2 colių cilindrinius kroketus.

e) Kroketus apvoliokite džiūvėsėliuose, tada išplaktame kiaušinyje, paskutinis – džiūvėsėliuose.

f) Didelėje, storadugnėje keptuvėje įkaitinkite aliejų, skirtą giliai kepti, kol jis pasieks 350 °F arba duonos kubelis per 20–30 sekundžių taps aukso rudos spalvos.

g) Kepkite maždaug 5 minutes ne daugiau kaip 3 arba 4 porcijomis, kol taps auksinės rudos spalvos.

h) Naudodami kiaurasamtį išimkite vištieną, nusausinkite ant virtuvinio popieriaus ir nedelsdami patiekite.

22. Traškios bulvės su prieskoniais

Porcija: 4

Ingridientai:

- 3 šaukštai alyvuogių aliejaus
- 4 rusvos spalvos bulvės, nuluptos ir supjaustytos kubeliais
- 2 šaukštai malto svogūno
- 2 skiltelės česnako, susmulkintos
- Druska ir šviežiai malti juodieji pipirai
- 1 1/2 šaukštelio ispaniškos paprikos
- 1/4 arbatinio šaukštelio Tabasco padažo
- 1/4 arbatinio šaukštelio maltų čiobrelių
- 1/2 puodelio kečupo
- 1/2 stiklinės majonezo
- Susmulkintos petražolės, papuošimui
- 1 stiklinė alyvuogių aliejaus, kepimui

Kryptys:

Brava padažas:

a) Puode ant vidutinės ugnies įkaitinkite 3 šaukštus alyvuogių aliejaus. Pakepinkite svogūną ir česnaką, kol svogūnas suminkštės.

b) Nukelkite keptuvę nuo ugnies ir įmaišykite papriką, Tabasco padažą ir čiobrelius.

c) Dubenyje sumaišykite kečupą ir majonezą.

d) Pagal skonį pagardinkite druska ir pipirais. Pašalinkite iš lygties.

Bulvės:

e) Bulves lengvai pagardinkite druska ir juodaisiais pipirais.

f) Kepkite bulves 1 puodelyje alyvuogių aliejaus didelėje keptuvėje iki auksinės rudos spalvos ir iškeps, retkarčiais pamaišydami.

g) Nusausinkite bulves ant popierinių rankšluosčių, paragaukite ir, jei reikia, pagardinkite papildomai druska.

h) Kad bulvės būtų traškios, prieš patiekdami sumaišykite jas su padažu.

i) Patiekite šiltą, papuoštą kapotomis petražolėmis.

23.   Krevetės gambas

Tarnauja 6

Ingridientai:

- 1/2 puodelio alyvuogių aliejaus
- 1 citrinos sultys
- 2 arbatinius šaukštelius jūros druskos
- 24 vidutinio dydžio krevetės, kiaute su nepažeistomis galvomis

Kryptys:

a) Dubenyje sumaišykite alyvuogių aliejų, citrinos sultis ir druską ir plakite, kol gerai susimaišys. Kad krevetės lengvai pasidengtų, kelioms sekundėms pamerkite jas į mišinį.

b) Sausoje keptuvėje ant stiprios ugnies įkaitinkite aliejų. Dirbdami partijomis, krevetes sudėkite vienu sluoksniu, neperpildydami keptuvės, kai ji labai karšta. 1 minutę kepimo

c) Sumažinkite ugnį iki vidutinės ir kepkite dar minutę. Padidinkite ugnį iki didelės ir pakepinkite krevetes dar 2 minutes arba iki auksinės spalvos.

d) Krevetes laikykite šiltai žemoje orkaitėje ant orkaitei atsparios lėkštės.

e) Tuo pačiu būdu kepkite likusias krevetes.

24.   Midijų vinaigretas

Porcijos: pagaminama 30 tapų

Ingridientai:

- 2 1/2 tuzinų midijų, nušveista ir pašalinta barzda Susmulkintos salotos
- 2 valgomieji šaukštai malto žalio svogūno
- 2 valgomieji šaukštai maltų žaliųjų pipirų
- 2 valgomieji šaukštai maltų raudonųjų pipirų
- 1 valgomasis šaukštas kapotų petražolių
- 4 šaukštai alyvuogių aliejaus
- 2 šaukštai acto arba citrinos sulčių
- Šlakelis raudonųjų pipirų padažo
- Druska pagal skonį

Kryptys:

a) Garuose atidarykite midijas.

b) Įdėkite juos į didelį puodą su vandeniu. Uždenkite ir virkite ant stiprios ugnies, retkarčiais pamaišydami keptuvę, kol kevalai atsidarys. Midijas nukelkite nuo ugnies, o neatsiskleidžiančias išmeskite.

c) Midijas taip pat galima pakaitinti mikrobangų krosnelėje, kad jos atsidarytų. Kepkite juos mikrobangų krosnelėje vieną minutę maksimalia galia mikrobangų krosnelei tinkamame dubenyje, iš dalies uždengtame.

d) Išmaišę dar minutę palaikykite mikrobangų krosnelėje. Išimkite visas atsivėrusias midijas ir kepkite dar minutę mikrobangų krosnelėje. Dar kartą pašalinkite tuos, kurie yra atidaryti.

e) Išimkite ir išmeskite tuščius kevalus, kai jie bus pakankamai šalti, kad galėtumėte juos apdoroti.

f) Ant serviravimo padėklo prieš patiekdami padėkite midijas ant susmulkintų salotų guolio.

g) Maišymo inde sumaišykite svogūną, žaliąją ir raudonąją papriką, petražoles, aliejų ir actą.

h) Druskos ir raudonųjų pipirų padažas pagal skonį. Midijų lukštus iki pusės užpildykite mišiniu.

25. Ryžiais įdaryti pipirai

Porcijos: 4

Ingridientai:

- 1 svaras 2 uncijos trumpagrūdžiai ispaniški ryžiai, tokie kaip Bomba arba Calasparra
- 2-3 šaukštai alyvuogių aliejaus
- 4 dideli raudonieji pipirai
- 1 nedidelė raudonoji paprika, susmulkinta
- 1/2 svogūno, supjaustyto
- 1/2 pomidoro, nulupti ir supjaustyti
- 5 uncijos. maltos / pjaustytos kiaulienos arba 3 uncijos. druskos menkė
- Šafranas
- Susmulkintos šviežios petražolės
- Druska

Kryptys:

a) Arbatiniu šaukšteliu nubraukite vidines plėveles, nupjovę paprikos stiebo galus ir išsaugoję jas kaip dangtelius, kad vėliau vėl įdėsite.

b) Įkaitinkite aliejų ir švelniai pakepinkite raudonąją papriką, kol suminkštės.

c) Pakepinkite svogūną, kol suminkštės, tada sudėkite mėsą ir lengvai paskrudinkite, po kelių minučių įdėkite pomidorą, tada suberkite virtus pipirus, žalius ryžius, šafraną ir petražoles. Pagardinkite druska pagal skonį.

d) Atsargiai pripildykite paprikas ir padėkite ant šonų ant orkaitei atsparaus indo, stenkitės, kad įdaras neišpiltų.

e) Kepkite patiekalą karštoje orkaitėje apie 1 1/2 valandos, uždengę.

f) Ryžiai virti pomidorų ir pipirų skysčiuose.

26. Kalmarai su rozmarinu ir čili aliejumi

Porcijos: 4

Ingridientai:

- Pirmo spaudimo alyvuogių aliejus
- 1 krūva šviežių rozmarinų
- 2 sveiki raudonieji čili pipirai, be sėklų ir smulkiai pjaustytų 150 ml grietinėlės
- 3 kiaušinių tryniai
- 2 valgomieji šaukštai tarkuoto parmezano sūrio
- 2 šaukštai paprastų miltų
- Druska ir šviežiai malti juodieji pipirai
- 1 česnako skiltelė, nulupta ir susmulkinta
- 1 arbatinis šaukštelis džiovinto raudonėlio
- Augalinis aliejus giliai kepti
- 6 Kalmarai, išvalyti ir supjaustyti žiedais
- Druska

Kryptys:

a) Norėdami paruošti padažą, nedideliame puode įkaitinkite alyvuogių aliejų ir įmaišykite rozmariną bei čili. Pašalinkite iš lygties.

b) Dideliame dubenyje suplakite grietinėlę, kiaušinių trynius, parmezano sūrį, miltus, česnaką ir raudonėlį. Maišykite, kol tešla taps vientisa. Pagardinkite šviežiai maltais juodaisiais pipirais.

c) Įkaitinkite aliejų iki 200°C, kad keptumėte giliai arba kol duonos kubelis paruduos per 30 sekundžių.

d) Kalmarų žiedus po vieną panardinkite į tešlą ir atsargiai įdėkite į aliejų. Kepkite iki auksinės rudos spalvos, apie 2-3 minutes.

e) Nusausinkite ant virtuvinio popieriaus ir nedelsdami patiekite su užpiltu padažu. Jei reikia, pagardinkite druska.

27. Tortellini salotos

Porcijos: 8

Ingridientai:

- 1 pakuotė trijų spalvų sūrio tortellini
- ½ puodelio kubeliais pjaustytų pipirų
- ¼ puodelio griežinėliais pjaustytų svogūnų
- 1 kubeliais pjaustyta žalia paprika
- 1 puodelis perpus perpjautų vyšninių pomidoriukų
- 1¼ puodelio pjaustytų Kalamata alyvuogių
- ¾ puodelio kapotų marinuotų artišokų širdelių 6 uncijos. kubeliais pjaustytas mocarelos sūris 1/3 stiklinės itališko užpilo

Kryptys:

a) Išvirkite tortellini pagal pakuotės nurodymus, tada nusausinkite.

b) Į didelį maišymo dubenį išmeskite tortellini su likusiais ingredientais, išskyrus padažą.

c) Ant viršaus užtepkite padažą.

d) Atidėkite 2 valandoms, kad atvėstų.

28. Caprese makaronų salotos

Porcijos: 8

Ingridientai:

- 2 puodeliai virtų penne makaronų
- 1 puodelis pesto
- 2 pjaustytų pomidorų
- 1 puodelis supjaustyto mocarelos sūrio
- Druska ir pipirai pagal skonį
- 1/8 arbatinio šaukštelio raudonėlio
- 2 arbatinius šaukštelius raudonojo vyno acto

Kryptys:

a) Virkite makaronus pagal pakuotės nurodymus, o tai turėtų užtrukti apie 12 minučių. Nusausinkite.

b) Dideliame dubenyje sumaišykite makaronus, pesto, pomidorus ir sūrį; pagardinkite druska, pipirais ir raudonėliais.

c) Ant viršaus užpilkite raudonojo vyno acto.

d) Atidėkite 1 valandai šaldytuve.

29. Balzaminė Bruschetta

Porcijos: 8

Ingridientai:

- 1 puodelis romų pomidorų, be sėklų ir supjaustytų kubeliais
- ¼ puodelio kapotų baziliko
- ½ puodelio susmulkinto pecorino sūrio
- 1 susmulkinta česnako skiltelė
- 1 valgomasis šaukštas balzamiko acto
- 1 arbatinis šaukštelis alyvuogių aliejaus
- Druska ir pipirai pagal skonį – atsargiai, nes pats sūris yra šiek tiek sūrus.
- 1 riekelėmis pjaustytas prancūziškos duonos kepalas
- 3 šaukštai alyvuogių aliejaus
- ¼ arbatinio šaukštelio česnako miltelių
- ¼ arbatinio šaukštelio baziliko

Kryptys:

a) Maišymo inde sumaišykite pomidorus, baziliką, pecorino sūrį ir česnaką.

b) Mažame dubenyje suplakite actą ir 1 šaukštą alyvuogių aliejaus; padėti į šalį. c) Duonos riekeles apšlakstykite alyvuogių aliejumi, česnako milteliais ir baziliku.

c) Sudėkite ant kepimo skardos ir paskrudinkite 5 minutes 350 laipsnių temperatūroje.

d) Išimkite iš orkaitės. Tada ant viršaus uždėkite pomidorų ir sūrio mišinį.

e) Jei reikia, pagardinkite druska ir pipirais.

f) Patiekite iš karto.

TEŠLA

30. Manų kruopų tešla

Ingridientai

- 2 1/2 puodelio universalių miltų ir dar daugiau dulkių valymui
- 1 3/4 stiklinės manų kruopų
- 1 1/4 stiklinės vandens

Kryptys

a) Sumaišykite miltus, manų kruopas ir vandenį stovinčio maišytuvo dubenyje su mentelės priedu ir maišykite mažu greičiu, kol tešla susimaišys.

b) Išjunkite maišytuvą, nuimkite mentelės priedą ir pakeiskite jį tešlos kabliu. Nubraukite dubens šonus ir tešlą plakite tešlos kabliu vidutiniu greičiu, kol susidarys rutulys, maždaug 5 minutes. Miltais pabarstykite plokščią darbo paviršių.

c) Tešlą išverskite ant dulkėto paviršiaus ir švelniai minkykite 20–25 minutes, kol rutuliukas pradės jaustis elastingas, o tešlos paviršius taps lygus ir šilkinis.

d) Apvyniokite tešlą plastikine plėvele ir laikykite šaldytuve bent 45 minutes ir iki nakties, kol ją išklokite.

31. Sausa tešla

Ingridientai

- 1 1/2 puodelio universalių miltų ir dar daugiau dulkių valymui
- 12 ypač didelių kiaušinių trynių (16 uncijų trynių), suplakti kartu vidutiniame dubenyje

Kryptys

a) Suberkite miltus į stovinčio maišytuvo dubenį su mentelės priedu ir pradėkite dirbti mažu greičiu. Maišytuvui veikiant, palaipsniui įpilkite kiaušinių trynius, maišydami, kol tešla susimaišys. Išjunkite maišytuvą ir miltais pabarstykite plokščią darbo paviršių.

b) Tešlą išverskite ant dulkėto paviršiaus, suformuokite rutulį ir švelniai minkykite 20–25 minutes, kol rutulys pradės jaustis elastingas, o tešlos paviršius taps lygus ir šilkinis.

c) Apvyniokite tešlą plastikine plėvele ir laikykite šaldytuve bent 45 minutes ir iki nakties, kol ją išklokite.

32. Pagrindinė makaronų tešla

Ingridientai

- 2 1/4 puodelių universalių miltų ir dar daugiau dulkių valymui
- 3 itin dideli kiaušiniai
- 6 itin dideli kiaušinių tryniai

Kryptys

a) Miltus, kiaušinius ir kiaušinių trynius suberkite į stovinčio maišytuvo dubenį su mentelės priedu ir maišykite mažu greičiu, kol tešla susimaišys. Išjunkite maišytuvą, nuimkite mentelės priedą ir pakeiskite jį tešlos kabliu.

b) Nubraukite dubens šonus ir tešlą plakite tešlos kabliu vidutiniu greičiu, kol susidarys rutulys, maždaug 5 minutes. Miltais pabarstykite plokščią darbo paviršių.

c) Tešlą išverskite ant dulkėto paviršiaus ir švelniai minkykite 20–25 minutes, kol rutuliukas pradės jaustis elastingas, o tešlos paviršius taps lygus ir šilkinis.

d) Apvyniokite tešlą plastikine plėvele ir laikykite šaldytuve bent 45 minutes ir iki nakties, kol ją išklokite.

MAkaronai

33. Scuola di Pasta

Kryptys

a) Norėdami kočioti makaronų tešlą, nustatykite makaronų lakšto matuoklį iki storiausio nustatymo.

b) Kepimo skardą apibarstykite manų kruopomis.

c) Išimkite makaronų tešlą iš šaldytuvo ir supjaustykite į ketvirčius.

d) Vieną tešlos dalį lengvai pabarstykite miltais ir perkiškite per makaronų lakštą, tešlą dar kartą pabarstykite miltais, kol ji praeina per lakštą, kad susidarytumėte ilgus lakštus. Sureguliuokite lakštą į kitą ploniausią nustatymą ir vėl perpilkite tešlą. Tokiu būdu tešlą perbraukite per lakštą, kol pramušite ją per matuoklį.

e) Išklotą tešlą dėkite ant paruoštos kepimo skardos ir pakartokite taip pat išklodami likusius segmentus, o lakštais išklotus makaronus apibarstykite manų kruopomis, kad lakštai nesuliptų.

f) Naudokite formeles arba padėkite kepimo skardą į šaldiklį kelioms valandoms, kol makaronai sušals. Pabandykite atsispirti pagundai užšaldyti juos ilgiau nei 2 savaites. Šaldiklis išsausins makaronus, todėl jie įtrūks, sulaužys ir praras savo dantingą tekstūrą.

g) Pastebime, kad makaronų užšaldymas padeda išlaikyti formą virti.

h) Įsitikinkite, kad užvirinate pakankamai vandens, kad puode nesusigrūstumėte makaronų. Idealiai tinka naudoti 6 litrų makaronų puodą su sieteliu.

i) Pasūdykite vandenį. Kaip sako italai: „Sūdykite vandenį, kad skonis būtų panašus į vandenyną". Kad pasiektumėte vandens, kurį naudojame „Mozza" virtuvėje, sūrumą, galite pasikliauti formule – 1 valgomasis šaukštas vienam litrui vandens. Gali atrodyti, kad druskos yra daug, bet norisi, kad ji persmelktų makaronus. Be to, druska pigi, o didžioji jos dalis nuteka į kanalizaciją.

j) Taip pat palaukite, kol makaronai bus įdėti į vandenį, kol visi jūsų svečiai bus pasiruošę valgyti. Tai reiškia, sėdi, su vynu. Kai makaronai iškyla iš vandens, viskas vyksta labai greitai. Ir paskutinis dalykas, kurio norite, kad jūsų makaronai atšaltų, kol stalas dar bus padengtas.

k) Įdėdami makaronus į vandenį išmaišykite, kad nesuliptų. Tada palikite jį ramybėje, kol jis keps, kad nesuirtų. Tai ypač svarbu su šviežiais makaronais.

l) Išvirkite makaronus al dente. Al dente pažodžiui išvertus „į dantį". Kalbant apie makaronus, tai reiškia makaronus, kuriuos galite pajusti po dantimis, kai juos įkandote, o ne makaronus, kurie yra tokie purūs, kad norint juos valgyti, jums nereikia dantų.

m) Greitai nusausinkite makaronus, palikdami iš makaronų dar šiek tiek varvėti vandens, tada greitai supilkite į keptuvę su padažu. Nenorite leisti makaronams sėdėti kiaurasamtyje ir niekada jų neskalauti.

n) Kai verdame makaronus su padažu, dažnai įpilame vandens – tai paprastas veiksmas, kuris gali padaryti skirtumą tarp nepatrauklaus, lipnaus padažo nuo to, kuris atrodo blizgantis ir skanus. Naudojame vandenį, kuriame buvo virti makaronai, o tai turi papildomą naudą – makaronų ir druskos skonį. Orecchiette ir gnudi patiekalams naudojame paprastą vandenį, nes nuo makaronų vandens jie būtų per sūrūs.

o) Pateikiame tikslius padažo kiekius kiekvienam makaronų patiekalui. Idėja tokia, kad padažo turėtų tik tiek, kad makaronai gražiai pasidengtų ir nebūtų sausi, bet ne tiek, kad padažas ištekėtų į lėkštę.

p) Visų mūsų ragùs užtenka maždaug šešiolikai pirmojo patiekalo porcijų. Jie gerai užšąla, o kadangi ragù virti užtrunka kelias valandas, atrodo kvaila gaminti mažiau.

q) Jei norite pagaminti kurį nors iš makaronų patiekalų didesniais kiekiais, nei mes jums duodame, supilkite makaronus su padažu partijomis, ne didesnėmis nei mes jums duodame.

34. Ziti su dešra

Porcijos: 8

Ingridientai:

- 1 svaras trupintos itališkos dešros
- 1 puodelis pjaustytų grybų
- ½ puodelio kubeliais pjaustytų salierų
- 1 kubeliais pjaustytas svogūnas
- 3 susmulkintos česnako skiltelės
- 42 uncijos. parduotuvėje pirkto spagečių padažo arba naminio
- Druska ir pipirai pagal skonį
- ½ arbatinio šaukštelio raudonėlio
- ½ arbatinio šaukštelio baziliko
- 1 svaras nevirtų ziti makaronų
- 1 puodelis tarkuoto mocarelos sūrio
- ½ puodelio tarkuoto parmezano sūrio
- 3 Valgomojo šaukštelio kapotų petražolių

Kryptys:

a) Keptuvėje 5 minutes pakepinkite dešrą, grybus, svogūną ir salierą.

b) Po to suberkite česnaką. Virkite dar 3 minutes. Pašalinkite iš lygties.

c) Į atskirą keptuvę įpilkite spagečių padažo, druskos, pipirų, raudonėlio ir baziliko.

d) Padažą troškinkite 15 minučių.

e) Kol padažas verda, paruoškite makaronus keptuvėje pagal pakuotės nurodymus. Nusausinkite.

f) Įkaitinkite orkaitę iki 350 laipsnių pagal Farenheitą.

g) Į kepimo indą dviem sluoksniais sudėkite ziti, dešrų mišinį ir susmulkintą mocarelą.

h) Ant viršaus pabarstykite petražoles ir parmezano sūrį.

i) Įkaitinkite orkaitę iki 350 ° F ir kepkite 25 minutes.

35. Saldi lazanija

Porcijos: 4

Ingridientai:

- 1 ½ svaro trupintos aštrios itališkos dešros
- 5 puodeliai parduotuvėje pirkto spagečių padažo
- 1 puodelis pomidorų padažo
- 1 arbatinis šaukštelis itališkų prieskonių
- ½ puodelio raudonojo vyno
- 1 valgomasis šaukštas cukraus
- 1 valgomasis šaukštas aliejaus
- 5 malto česnako pirštinės
- 1 kubeliais pjaustytas svogūnas
- 1 puodelis tarkuoto mocarelos sūrio
- 1 puodelis susmulkinto provolono sūrio
- 2 puodeliai rikotos sūrio
- 1 puodelis varškės
- 2 dideli kiaušiniai
- ¼ puodelio pieno
- 9 makaronai lazanijos makaronai – plikyti
- ¼ puodelio tarkuoto parmezano sūrio

Kryptys:

a) Įkaitinkite orkaitę iki 375 laipsnių pagal Farenheitą.

b) Keptuvėje 5 minutes pakepinkite sutrupėjusią dešrą. Bet kokį tepalą reikia išmesti.

c) Dideliame puode sumaišykite makaronų padažą, pomidorų padažą, itališkus prieskonius, raudonąjį vyną ir cukrų ir gerai išmaišykite.

d) Keptuvėje įkaitinkite alyvuogių aliejų. Tada 5 minutes pakepinkite česnaką ir svogūną.

e) Į padažą įmaišykite dešrą, česnaką ir svogūną.

f) Po to puodą uždenkite ir palikite troškintis 45 minutes.

g) Maišymo inde sumaišykite mocarelos ir provolono sūrius.

h) Atskirame dubenyje sumaišykite rikotą, varškę, kiaušinius ir pieną.

i) Į 9 x 13 kepimo indą supilkite 12 puodelių padažo į dugną.

j) Dabar kepimo inde trimis sluoksniais išdėliokite makaronus, padažą, rikotą ir mocarelą.

k) Ant viršaus užtepkite parmezano sūrio.

l) Kepame uždengtame inde 30 min.

m) Atidengę indą, kepkite dar 15 minučių.

36.   Baklažanų mezzalunos ir pomidorų derinys

SERVISAS 4-6

Ingridientai

- Alyvuogių aliejus
- 2 baklažanai, nulupti ir supjaustyti kubeliais
- 3 česnako skiltelės, susmulkintos
- 1 svogūnas, supjaustytas kubeliais
- Košerinė druska
- Šviežiai malti juodieji pipirai
- ¼ puodelio (45 g) Parmigiano-Reggiano
- 1 puodelis (130 g) tarkuotos mocarelos
- 4 slyviniai pomidorai
- Alyvuogių aliejus
- 3 rozmarino šakelės
- 3 šakelės čiobrelių
- 1 česnako skiltelė, smulkiai pjaustyta
- ½ arbatinio šaukštelio cukraus
- Košerinė druska
- Šviežiai malti juodieji pipirai

- Ravioli tešla

- 2 puodeliai (50 g) baziliko

- ½ puodelio (90 g) tarkuoto Parmigiano-Reggiano

- 2 česnako skiltelės

- ¼ puodelio (32 g) pignoli riešutų

- Košerinė druska

- Šviežiai malti juodieji pipirai

- ⅔ puodelio (160 ml) alyvuogių aliejaus

Kryptys

a) Įkaitinkite orkaitę iki 325 ° F (163 ° C).

b) Didelėje keptuvėje ant vidutinės ir stiprios ugnies įpilkite šlakelį alyvuogių aliejaus, baklažanų, česnako, svogūnų, druskos ir šviežiai maltų juodųjų pipirų. Virkite, kol baklažanai suminkštės, apie 8 minutes. Nukelkite nuo ugnies ir leiskite atvėsti. Dubenyje sumaišykite virtus baklažanus, Parmigiano-Reggiano ir mocarelą.

c) Norėdami pagaminti pomidorų padažą, perpjaukite pomidorus išilgai pusiau ir išskobkite sėklas. Ant lakštinės keptuvės pašlakstykite šiek tiek alyvuogių aliejaus ir padėkite pomidorus nupjauta puse žemyn su rozmarinais, čiobreliais ir česnakais. Pagardinkite cukrumi, druska ir šviežiai maltais juodaisiais pipirais. Kepkite, kol jie susitrauks ir taps tamsiai raudoni, apie 45 minutes.

d) Dvi lakštus apibarstykite manų kruopų miltais. Norėdami pagaminti makaronus, tešlą iškočiokite, kol lakštas taps tik skaidrus.

e) Iškočiotus lakštus supjaustykite į 12 colių (30 cm) dalis, o likusią dalį uždenkite plastikine plėvele. Padėkite lakštus ant sauso darbinio paviršiaus ir apvaliu 3 colių (7,5 cm) pjaustytuvu įpjaukite į lakštą apskritimus.

f) Naudodami maišelį arba šaukštą, įpilkite į makaronų apskritimo vidurį, palikdami apie 6 mm (6 mm) aplink šonus. Norėdami užsandarinti, užlenkite apskritimą, kad susidarytumėte pusmėnulio formą, ir šakute paspauskite išilgai kraštų, kad užsandarintumėte.

g) Jei reikia, naudokite šlakelį vandens, kad užsandarintumėte. Atsargiai išdėliokite mezzaluną ant manų kruopomis apibarstytų lakštinių formų, viena nuo kitos.

h) Norėdami pagaminti pesto, į virtuvinį kombainą įberkite baziliko, tarkuoto Parmigiano-Reggiano, česnako, pignoli riešutų, košerinės druskos ir šviežiai maltų juodųjų pipirų. Lėtai supilkite alyvuogių aliejų ir trinkite iki tyrės.

i) Užvirinkite didelį puodą pasūdyto vandens. Atsargiai įmeskite makaronus į verdantį vandenį ir virkite iki al dente, maždaug 2–3 minutes.

j) Į keptuvę ant silpnos ugnies įpilkite šlakelį alyvuogių aliejaus ir pomidorų padažą. Sudėkite makaronus į keptuvę ir švelniai pakratykite keptuvę, kad susimaišytų su pomidorais.

37. Ratatouille lazanija

APTARNAVIMAS 8-10

Ingridientai
- Kiaušinių tešla
- Pirmo spaudimo alyvuogių aliejus
- 3 česnako skiltelės, susmulkintos
- 1 puodelis (237 ml) raudonojo vyno
- 2 (28 uncijų [794 g]) skardinės susmulkintos
- pomidorai
- 1 ryšelis baziliko
- Košerinė druska
- Šviežiai malti juodieji pipirai
- Alyvuogių aliejus
- 1 baklažanas, nuluptas ir smulkiai supjaustytas
- 1 žalia cukinija, smulkiai pjaustyta
- 1 vasarinis moliūgas, smulkiai pjaustytas
- 2 pomidorai, smulkiai pjaustyti
- 4 česnako skiltelės, supjaustytos
- 1 raudonasis svogūnas, plonais griežinėliais

- Košerinė druska
- Šviežiai malti juodieji pipirai
- 3 puodeliai (390 g) susmulkintos mocarelos

Kryptys

n) Įkaitinkite orkaitę iki 350°F (177°C) ir užvirinkite didelį puodą pasūdyto vandens.

o) Dvi lakštus apibarstykite manų kruopų miltais. Norėdami pagaminti makaronus, iškočiokite tešlą, kol lakštas bus maždaug 1/16 colio (1,6 mm) storio.

p) Iškočiotus lakštus supjaustykite į 12 colių (30 cm) dalis ir dėkite ant lakštų, kol turėsite apie 20 lakštų. Dirbdami partijomis, numeskite lakštus į verdantį vandenį ir virkite, kol jie taps lankstūs, maždaug 1 minutę. Padėkite ant popierinių rankšluosčių ir nusausinkite.

q) Norėdami paruošti padažą, puode ant vidutinės ugnies įpilkite aukščiausios kokybės pirmojo spaudimo alyvuogių aliejaus, česnako ir patroškinkite apie minutę arba kol taps skaidrus. Įpilkite raudonojo vyno ir leiskite jam sumažėti per pusę. Tada suberkite susmulkintus pomidorus, baziliką ir druską bei pipirus. Leiskite troškintis ant silpnos ugnies apie 30 minučių.

r) Norėdami pagaminti įdarą, didelėje keptuvėje ant stiprios ugnies įpilkite šlakelį alyvuogių aliejaus, baklažanų, cukinijų, moliūgų, pomidorų, česnako ir raudonojo svogūno.
Pagardinkite druska ir šviežiai maltais juodaisiais pipirais.

s) Norėdami surinkti, padėkite padažą ant 9 × 13 colių (22,9 × 33 cm) kepimo indo dugno. Padėkite makaronų lakštus žemyn, šiek tiek uždengdami indo dugną. Ant makaronų lakštų tolygiai sudėkite ratatouille, o viršų pabarstykite mocarela. Įdėkite kitą makaronų lakštų sluoksnį priešingomis kryptimis ir kartokite šiuos sluoksnius, kol pasieksite viršų arba bus panaudotas visas įdaras. Ant viršutinio lakšto tolygiai užpilkite šiek tiek padažo ir pabarstykite dar mocarela.

t) Pašaukite lazaniją į orkaitę ir kepkite apie 45 minutes iki 1 valandos. Prieš pjaustydami ir patiekdami leiskite jam atvėsti apie 10 minučių.

38. Baklažanų cannelloni

SERVISAS 6-8

Ingridientai
- Kiaušinių tešla
- Alyvuogių aliejus
- 3 česnako skiltelės, susmulkintos
- 1 puodelis (237 ml) raudonojo vyno
- 2 (28 uncijos [794 g]) skardinės trintų pomidorų
- 1 ryšelis baziliko
- Košerinė druska
- Šviežiai malti juodieji pipirai
- Alyvuogių aliejus
- 1 baklažanas, nuluptas ir smulkiai supjaustytas
- 4 česnako skiltelės, supjaustytos
- 3 rozmarino šakelės, susmulkintos
- 4 puodeliai (908 g) rikotos sūrio
- 1 puodelis (130 g) susmulkintos mocarelos
- Košerinė druska
- Šviežiai malti juodieji pipirai

Kryptys

a) Įkaitinkite orkaitę iki 350°F (177°C) ir užvirinkite didelį puodą pasūdyto vandens.

b) Dvi lakštus apibarstykite manų kruopų miltais. Norėdami pagaminti makaronus, iškočiokite tešlą, kol lakštas bus maždaug 1/16 colio (1,6 mm) storio.

c) Iškočiotus lakštus supjaustykite į 6 colių (15 cm) dalis ir dėkite ant lakštų formų, kol turėsite apie 20 lakštų. Dirbdami partijomis, numeskite lakštus į verdantį vandenį ir virkite, kol jie taps lankstūs, maždaug 1 minutę. Padėkite ant popierinių rankšluosčių ir nusausinkite.

d) Norėdami pagaminti įdarą, didelėje keptuvėje ant stiprios ugnies įpilkite šlakelį alyvuogių aliejaus, baklažanų, česnako ir rozmarino ir kepkite, kol suminkštės, maždaug 4–5 minutes. Leiskite atvėsti ir dubenyje sumaišykite su rikota ir mocarela. Pagardinkite druska ir šviežiai maltais juodaisiais pipirais.

e) Norėdami surinkti, padėkite padažą ant 9 × 13 colių (22,9 × 33 cm) kepimo indo dugno. Makaronų lakštą išilgai padėkite maždaug 3 šaukštus (45 g) įdaro prie arčiausio krašto. Atsargiai iškočiokite makaronus nuo savęs, uždenkite įdarą. Įdarytus cannelloni vienu sluoksniu sudėkite į kepimo indą. Ant cannelloni užpilkite dar šiek tiek padažo ir pabarstykite susmulkinta mocarela.

f) Įdėkite cannelloni į orkaitę ir kepkite apie 45 minutes.

39.   Artišokų špinatų makaronų padažas

Porcijos: 8

Ingridientai

- 1/2 (13,5 uncijos) skardinės kapotų špinatų
- 1 (16 uncijų) stiklainio alfredo padažas
- 1 (14 uncijų) skardinės artišokų širdelės, nusausintos ir susmulkintos
- 1/2 puodelio susmulkinto mocarelos sūrio
- 1/3 puodelio susmulkinto parmezano sūrio
- 1/4 (8 uncijos) pakuotės kreminio sūrio, suminkštintas
- 2 skiltelės česnako, susmulkintos
- 1 romų pomidoras, supjaustytas kubeliais
- 1/2 stiklinės vandens

Kryptys

a) Špinatus supjaustykite virtuviniu kombainu.
b) Puode išplakite špinatus, Alfredo padažą, artišokų širdeles, mocarelos sūrį, parmezano sūrį, kreminį sūrį, česnaką ir pomidorą.

40.   Kepti rigatoni ir mėsos kukuliai

Ingredientas

- 3½ puodelio Rigatoni makaronų
- 1⅓ puodelis Mozzarella, susmulkintas
- 3 šaukštai parmezano, šviežiai tarkuoto
- 1 svaras liesos maltos kalakutienos

Nurodymai:

a) Mėsos kukuliai: dubenyje lengvai išplakite kiaušinį; sumaišykite svogūną, trupinius, česnaką, parmezaną, raudonėlį, druską ir pipirus. Sumaišykite su kalakutiena.

b) Supilkite kupiną šaukštą rutuliukų.

c) Didelėje keptuvėje įkaitinkite aliejų ant vidutinės-stiprios ugnies; Kepkite kotletus, jei reikia, dalimis 8-10 minučių arba kol apskrus iš visų pusių.

d) Į keptuvę įpilkite svogūnų, česnakų, grybų, žaliųjų pipirų, baziliko, cukraus, raudonėlio, druskos, pipirų ir vandens; virkite ant vidutinės ugnies, retkarčiais pamaišydami, apie 10 minučių arba kol daržovės suminkštės. Įmaišykite pomidorus ir pomidorų pastą; užvirinkite. Sudėkite kotletus

e) Tuo tarpu dideliame puode su verdančiu pasūdytu vandeniu išvirkite rigatoni. Perkelkite į 11x7 colių kepimo indą arba 8 puodelių seklią orkaitės troškinį.

f) Ant viršaus tolygiai pabarstykite mocarelą, tada parmezaną. Kepti

41. Kepta penė su kalakutienos kukuliais

Ingredientas

- 1 svaras malta kalakutiena
- 1 didelė česnako skiltelė; malta
- ¾ puodelio šviežių duonos trupinių
- ½ stiklinės smulkiai supjaustyto svogūno
- 3 šaukštai pušies riešutų; skrudinta
- ½ puodelio maltų šviežių petražolių lapelių
- 1 didelio kiaušinio; lengvai sumuštas
- 1 arbatinis šaukštelis druskos
- 1 arbatinis šaukštelis juodųjų pipirų
- 4 šaukštai alyvuogių aliejaus
- 1 svaras Penne
- 1½ puodelio stambiai tarkuoto mocarelos sūrio
- 1 puodelis Šviežiai tarkuoto Romano sūrio
- 6 puodeliai Pomidorų padažo
- 1 konteineris; (15 uncijų) rikotos sūrio

Nurodymai:

a) Dubenyje gerai išmaišykite kalakutieną, česnaką, duonos trupinius, svogūną, pušies riešutus, petražoles, kiaušinį, druską ir pipirus, suformuokite kotletus ir kepkite.

b) Išvirti makaronus

c) Mažame dubenyje sumaišykite mocarelą ir Romano. Į paruoštą patiekalą supilkite apie 1½ puodelio pomidorų padažo ir pusę kotletų, o ant viršaus uždėkite pusę makaronų.

d) Pusę likusio padažo ir pusę sūrio mišinio užtepkite ant makaronų. Ant viršaus uždėkite likusius kotletus ir ant kotletų užmeskite rikotos gabalėlius. Kepkite penne orkaitės viduryje 30–35 minutes.

SALOTOS

42.   Nancy pjaustytos salotos

Dėl salotų:

- 1 maža gūžinė ledkalnio salota
- 1 vidutinio galvos radicchio
- 1 pintos mažų saldžiųjų vyšninių pomidoriukų, perpjautų per pusę
- 1 puslitras 1/2 stiklinės virtų cecių
- 4 uncijos sendinto provolono, supjaustyto juostelėmis
- 4 uncijų genuos saliamis, supjaustytas 1/4 colio pločio juostelėmis
- 5 uncijos peperoncini, plonais griežinėliais (apie 1/4 puodelio)

Raudonėlio vinaigretui:

- 1 maža gūžinė ledkalnio salota
- 1 vidutinio galvos radicchio
- 1 pintos mažų saldžiųjų vyšninių pomidoriukų, perpjautų per pusę
- 1 puslitras 1/2 stiklinės virtų cecių
- 4 uncijos sendinto provolono, supjaustyto juostelėmis
- 4 uncijų genuos saliamis, supjaustytas juostelėmis

- 5 uncijos peperoncini, plonais griežinėliais
- 2 1/2 šaukštų raudonojo vyno acto
- 2 šaukštai džiovintų raudonėlių
- 1 valgomasis šaukštas šviežių citrinų sulčių ir daugiau pagal skonį
- 2 šaukštai česnako skiltelės, 1 sutrinta ir 1 tarkuota arba susmulkinta
- 1 valgomasis šaukštas 1/2 stiklinės aukščiausios kokybės pirmojo spaudimo alyvuogių aliejaus

Kryptys:

a) Dideliame plačiame dubenyje sumaišykite salotas, radicchio, pomidorus, ceci, provoloną, saliamius, peperoncini ir svogūnų griežinėlius.

b) Pagardinkite druska ir išmaišykite, kad ingredientai gerai susimaišytų.

c) Užlašinkite 1/2 puodelio vinigreto ir išspauskite citrinos sultis ant salotų, tada švelniai išmeskite, kad salotos pasidengtų padažu.

d) Paragaukite prieskonių ir, jei norite, įpilkite druskos, citrinos sulčių arba vinigreto.

e) Sukraukite salotas ant didelės lėkštės arba padalinkite jas į atskiras lėkštes, sukraudami kaip kalną.

f) Ant viršaus užbarstykite džiovintų raudonėlių ir patiekite.

g) Norėdami pagaminti raudonėlio vinegretą: Vidutiniame dubenyje sumaišykite actą, raudonėlį, citrinos sultis, susmulkintą česnaką, tarkuotą česnaką, druską ir pipirus ir išplakite, kad ingredientai susimaišytų.

43.   Mozza caprese salotos

Ingridientai

Dėl salotų:

- 1 1/2 svaro šviežios burratos
- 30-40 lėtai skrudintų vyšninių pomidoriukų
- 30-40 šviežių mikro arba miniatiūrinių baziliko lapelių

Lėtai keptiems vyšniniams pomidorams

- 1 1/2 svaro šviežios burratos
- 30-40 lėtai skrudintų vyšninių pomidoriukų
- 30-40 šviežių mikro arba miniatiūrinių baziliko lapelių
- 2 9 uncijų pakuotės saulėtai saldžiųjų pomidorų ant stiebų
- 1 valgomasis šaukštas aukščiausios kokybės pirmojo spaudimo alyvuogių aliejaus
- 1 arbatinis šaukštelis košerinės druskos

Kryptys:

a) Salotų paruošimas: Burratą supjaustykite į šešis vienodo dydžio segmentus ir kiekvieną gabalėlį išdėliokite pjaustoma puse į viršų ant salotų lėkštės.

b) Pagardinkite burratą jūros druska ir ant kiekvienos sūrio porcijos uždėkite 1 arbatinį šaukštelį pesto.

c) Pomidorus žirklėmis supjaustykite į grupes po vieną, du ar tris pomidorus.

d) Atsargiai pakelkite pomidorus už stiebų ir švelniai padėkite po vieną grupelę ant kiekvienos sūrio porcijos, pasirinkdami didžiausias kekes.

e) Ant pirmosios sudėkite kitą skepetą, stiebą priešingu kampu, o likusias spiečius sudėkite ant pirmosios, sukurdami nedidelę pomidorų krūvą dviejų ar trijų rietuvių aukščio, o vienoje porcijoje bus maždaug nuo penkių iki septynių pomidorų.

f) Apšlakstykite maždaug 1/2 arbatinio šaukštelio aukščiausios kokybės alyvuogių aliejaus ant kiekvienos salotos, išbarstykite mikro arba miniatiūrinius baziliko lapelius arba žirklėmis nupjaukite vieną didelį baziliko lapelį ant kiekvienos salotos.

g) Norėdami pagaminti lėtai skrudintus vyšninius pomidorus: Orkaitės groteles nustatykite į vidurinę padėtį ir įkaitinkite orkaitę iki 300 laipsnių F.

h) Ant kepimo skardos uždėkite groteles.

i) Švelniai iškelkite pomidorus iš dėžučių, stengdamiesi, kad pomidorai būtų kuo labiau prilipę prie stiebų.

j) Pomidorus aptepkite alyvuogių aliejumi ir pagardinkite druska bei pipirais.

k) Įdėkite pomidorus į orkaitę, kad keptų, kol jų odelė susitrauks, bet pomidorai vis dar bus putlūs, maždaug 1 1/2 valandos.

l) Išimkite pomidorus iš orkaitės ir leiskite jiems atvėsti iki kambario temperatūros.

m) Naudokite pomidorus arba uždenkite plastiku ir laikykite kambario temperatūroje iki vienos dienos arba laikykite šaldytuve iki trijų dienų.

n) Prieš patiekdami pomidorus pašildykite iki kambario temperatūros.

o) Padaro apie 1 svarą arba 36 pomidorus.

44. Stracciatella su salierais ir žolelių salotomis

Ingridientai

- 1 valgomasis šaukštas skrudintų pušies riešutų
- 1 valgomasis šaukštas česnako skiltelės, tarkuotos arba maltos
- 1 valgomasis šaukštas 3/4 stiklinės sveikų šviežių salierų lapų
- 2 šaukštai šviežiai tarkuoto parmigiano-reggiano
- 3 salierų šonkauliukai, nulupti ir plonais griežinėliais, esant dideliam šališkumui
- 2 laiškiniai svogūnai, plonais griežinėliais
- 2 šaukštai citrininio vinigreto
- 8 uncijos stracciatella arba burrata
- Salierų lapų pesto

Kryptys:

a) Norėdami pagaminti salierų lapų pesto: sumaišykite pušies riešutus, česnaką, druską ir pusę alyvuogių aliejaus virtuvės kombaino dubenyje su metaliniais peiliukais arba trintuvo indelyje. Įdėkite petražoles ir ankštinius, kol jie bus smulkiai pjaustyti.

b) Sudėkite salierų lapus, Parmigiano-Reggiano ir likusį alyvuogių aliejų bei tyrę, sustokite, kai tik sudedamosios dalys susiformuos vienalytė pasta, ir, jei reikia, įpilkite daugiau alyvuogių aliejaus, kad gautumėte birų, šaukštu išpilstytą pesto.

c) Salotų paruošimas: dideliame dubenyje sumaišykite salierą, laiškinius svogūnus, salierų lapus, vyšnias, peletrūnus, petražoles, bazilikus ir laiškinius česnakus. Pagardinkite druska ir sumaišykite. Aptepkite salotas vinegretu ir švelniai išmaišykite, kad pasidengtų padažu.

45. Torta della Nonna

Tarnauja nuo 8 iki 10

Ingridientai

- 1½ stiklinės nebalintų tešlos miltų
- ¾ puodelio konditerių cukraus ir dar daugiau dulkių valymui
- ½ puodelio (1 pagaliukas) šalto, nesūdyto sviesto, supjaustyto kubeliais
- ¼ arbatinio šaukštelio itališko raugo
- Žiupsnelis košerinės druskos
- 4 ypač dideli kiaušinių tryniai
- ¼ arbatinio šaukštelio vanilės ekstrakto (jei nenaudojamas itališkas raugas)
- Universalūs miltai, skirti dulkėms
- Nesūdytas sviestas keptuvėms
- 1 ypač didelis kiaušinio baltymas
- 1,3 puodelio skrudintų pušies riešutų
- 10 uncijų Filadelfijos stiliaus kreminio sūrio
- 1 puodelis švelnaus skonio šviežio ožkos sūrio
- 5 šaukštai nesūdyto sviesto, kambario temperatūros

- ¼ puodelio maskarponės sūrio
- ¼ puodelio plius 1 šaukštas nebalintų konditerijos miltų
- 1 arbatinis šaukštelis košerinės druskos
- 3 ypač dideli kiaušiniai
- 1 puodelis cukraus
- 1¼ arbatinio šaukštelio gryno vanilės ekstrakto
- Koris

Kryptys

a) Norėdami pagaminti plutą, sumaišykite miltus, konditerijos cukrų, sviestą, raugą ir druską stovinčio maišytuvo dubenyje su mentelės priedu ir maišykite mažu greičiu, kol sviestas ir sausi ingredientai pasidarys stambios kukurūzų miltų konsistencijos. 2 minutės. Įdėkite kiaušinių trynius ir vanilę, jei naudojate, ir maišykite vidutiniu greičiu, kol tešla taps vientisa, 2–3 minutes. Miltais pabarstykite plokščią darbo paviršių ir ant jo išverskite tešlą. Minkykite tešlą keletą minučių, kol ji susijungs į rutulį.

b) Kepkite skilteles, kol jie taps auksinės rudos spalvos, maždaug 8 minutes, kepimo viduryje pasukite keptuvę, kad sausainiai tolygiai paruduotų. Išimkite kepimo skardą iš orkaitės ir padėkite ant vielinio aušinimo grotelių, kol gabalėliai atvės, ir lengvai pabarstykite juos cukraus pudra.

c) Įdarui gaminti: grietinėlės sūrį, ožkos sūrį, sviestą ir maskarponę sumaišykite stovinčio maišytuvo dubenyje su mentelėmis ir mažu greičiu maišykite, kol ingredientai susijungs ir mišinys taps vientisas ir kreminis, nugramdydami. Retkarčiais gumine mentele apvyniokite dubens šonus, apie 2 minutes. Suberkite miltus ir druską, maišykite mažu greičiu, kad susimaišytų, ir supilkite į didelį maišymo dubenį.

d) Dubenyje, kuriame maišėte sūrius, sumaišykite kiaušinius ir cukrų. (dubenėlio nereikia plauti.) Pakeiskite mentelės priedą su plakimo priedu ant maišytuvo ir plakite kiaušinius bei cukrų, kol kiaušiniai taps tiršti ir purūs. cukrus ištirpsta, apie 5 minutes. Įpilkite vanilės ir plakite, kad tik susimaišytų. Švelniai įmaišykite vieną trečdalį kiaušinių mišinio į sūrį, plokščiąja mentelės puse sutrinkite sūrį ir sulaužykite sūrio tankį su kiaušiniu. Įpilkite dar trečdalį kiaušinių mišinio, švelnia ranka sulankstydami, kad kiaušiniai liktų lengvi ir purūs. Supilkite likusį kiaušinių mišinį, maišykite, kol ingredientai susimaišys, bet mišinyje vis tiek bus matomų sūrio gabalėlių.

e) Išimkite pyrago lukštą iš šaldytuvo ir supilkite įdarą į apvalkalą, kad jis užpildytų 1,8 colio nuo viršaus. (Galite nenaudoti viso jo, bet nenorite perpildyti žiedo; perteklių išmeskite.)

f) Kepimo skardą su tortu dėkite į orkaitę kepti apie 40 minučių, įpusėjus kepimo laikui pasukite skardą, kad tolygiai apskrustų, kol įdaras sustings, o viršus taps auksinės spalvos. Išimkite kepimo skardą iš orkaitės ir atidėkite, kad šiek tiek atvėstų.

g) Tortą supjaustykite tiek pat, kiek supjaustėte sausainių skilteles. Tortą galite patiekti šiltą arba padėti į šalį atvėsti iki kambario temperatūros. (Norėdami pašildyti pyragą, visą pyragą arba atskiras riekeles padėkite ant kepimo skardos ir pašaukite į 350°F temperatūros orkaitę, kol ji sušils; maždaug 5 minutes griežinėliais, apie 15 minučių visai pyragaičiai.)

h) Prieš patiekdami, sausainių griežinėlius uždėkite ant pyrago taip, kad išoriniai sausainių kraštai būtų maždaug 1 colio atstumu nuo pyrago krašto. Nukelkite nuo pyrago žiedą. Dideliu peiliu įpjaukite tarp sausainių ir sukurkite lygias riekeles, naudodami sausainius kaip vadovą. Metaline mentele atsargiai perkelkite kiekvieną pleištą į desertinę lėkštę. Vienoje kiekvieno pleišto pusėje padėkite 1 arbatinį šaukštelį korio. Supilkite po 1 arbatinį šaukštelį kiekvieno iš dviejų medaus į maždaug sidabro dolerių dydžio apskritimus abiejose kiekvieno pleišto pusėse.

i) Išbarstykite keletą rezervuotų pušies riešutų kiekvieno medaus telkinio centre, bet ne koryje, ir patiekite.

46. Keptuvėje kepti kiaulienos kotletai su alyvuogėmis

Tarnauja 4

Ingridientai

- 3 vidutinio dydžio pankolio svogūnėliai (apie 1 svaras) su lapeliais
- 2 dideli geltoni ispaniški svogūnai, plonais griežinėliais (apie 2 puodeliai)
- 20 skiltelių plonais griežinėliais supjaustyto česnako, apie ½ puodelio
- ½ puodelio Arbequina, Ligurian, Taggiasche arba Niçoise alyvuogių
- 1 puodelis aukščiausios kokybės pirmojo spaudimo alyvuogių aliejaus
- 1 valgomasis šaukštas košerinės druskos
- ½ arbatinio šaukštelio šviežiai maltų juodųjų pipirų
- 2 puodeliai Sambuca
- 1 puodelis vištienos sultinio
- ½ puodelio košerinės druskos
- 1?3 stiklinės cukraus
- 4 9–10 uncijų kiaulienos kotletai be kaulų

- 4 arbatiniai šaukšteliai Pankolių RUB
- ¼ puodelio aukščiausios kokybės pirmojo spaudimo alyvuogių aliejaus
- ¼ puodelio (4 šaukštai) aukščiausios kokybės pirmojo spaudimo alyvuogių aliejaus
- ½ arbatinio šaukštelio pankolių žiedadulkių

Kryptys

a) Norėdami paruošti pankolį, nustatykite orkaitės groteles į vidurinę padėtį ir įkaitinkite orkaitę iki 400°F.

b) Pankolį, svogūnus, česnakus ir alyvuoges sumaišykite kepimo inde, kurio pakaktų, kad pankolio griežinėliai tvirtai laikytųsi. Apšlakstykite ¼ puodelio alyvuogių aliejaus, pabarstykite druska ir pipirais ir išmaišykite, kad ingredientai susimaišytų.

c) Išimkite pankolio skilteles ir suformuokite svogūnų, alyvuogių ir česnako guolį. Pankolio griežinėlius išdėliokite ant svogūnų, šiek tiek perdengdami griežinėlius. Ant pankolių užpilkite Sambuca ir vištienos sultinio ir apšlakstykite likusį ¾ puodelio alyvuogių aliejaus ant pankolių.

d) Indą sandariai uždenkite aliuminio folija ir pašaukite į orkaitę kepti 1 val. Išimkite indą iš orkaitės, išimkite ir išmeskite foliją bei plastiką, jei jį naudojote, stengdamiesi, kad nenudegtumėte nuo kilsiančių garų. Grąžinkite keptuvę į orkaitę ir kepkite, kol pankolis paruduos ir atrodys glazūruotas, nuo 1 valandos iki 1 valandos 15 minučių. Išimkite keptuvę iš orkaitės, palikite orkaitę įjungtą, kad kiauliena iškeptų.

e) Norėdami paruošti kiaulieną, sumaišykite druską, cukrų ir 1 puodelį vandens didelėje nereaguojančioje kepimo formoje arba dideliame sandariame plastikiniame maišelyje, kad susidarytumėte sūrymą. Sudėkite kiaulienos kotletus ir apverskite, kad iš visų pusių pasidengtų.

f) Uždenkite indą plastiku arba uždarykite maišelį ir palikite 1 valandai. Išimkite kotletus iš sūrymo, sūrymą išmeskite. Kiaulienos kotletus nusausinkite popieriniais rankšluosčiais ir padėkite ant pjaustymo lentos. Kiekvieną gabalėlį gausiai pabarstykite 1 arbatiniu šaukšteliu trintuvo ir gabalėlių šonus nušluostykite ant pjaustymo lentos nukritusį trintį.

g) Įkaitinkite alyvuogių aliejų didelėje orkaitei atsparioje keptuvėje ant vidutinės ir stiprios ugnies, kol jis beveik pradės rūkyti ir lengvai paslys keptuvėje, 2-3 minutes. Sudėkite gabalėlius ir kepkite, kol viena pusė taps sodriai rudi ir karamelizuosis, 2-3 minutes. Apverskite kiaulienos kotletus ir įdėkite keptuvę į orkaitę 5 minutėms, kad kiauliena iškeptų. Išimkite iš orkaitės ir prieš patiekdami leiskite kotletėms 2 minutes pailsėti keptuvėje.

h) Padėkite troškintą pankolių mišinį kiekvienos iš keturių lėkščių centre, tolygiai paskirstydami. Kiekvieną porciją apšlakstykite po šaukštą troškinimo skysčio ir ant viršaus uždėkite kiaulienos gabalėlį. Apšlakstykite po 1 valgomąjį šaukštą aukščiausios kokybės alyvuogių aliejaus ant kiekvieno gabalo ir aplink juos, pabarstykite žiupsneliu pankolių žiedadulkių, ant viršaus uždėkite keletą pankolio lapelių ir patiekite.

## 47.	Tortellini salotos

Porcijos: 8

Ingridientai:

- 1 pakuotė trijų spalvų sūrio tortellini
- ½ puodelio kubeliais pjaustytų pipirų
- ¼ puodelio griežinėliais pjaustytų svogūnų
- 1 kubeliais pjaustyta žalia paprika
- 1 puodelis perpus perpjautų vyšninių pomidoriukų
- 1¼ puodelio pjaustytų Kalamata alyvuogių
- ¾ puodelio susmulkintų marinuotų artišokų širdelių
- 6 uncijos. kubeliais pjaustytas mocarelos sūris
- 1/3 puodelio itališko padažo

Kryptys:

e) Išvirkite tortellini pagal pakuotės nurodymus, tada nusausinkite.

f) Į didelį maišymo dubenį išmeskite tortellini su likusiais ingredientais, išskyrus padažą.

g) Ant viršaus užtepkite padažą.

h) Atidėkite 2 valandoms, kad atvėstų.

48. Caprese makaronų salotos

Porcijos: 8

Ingridientai:

- 2 puodeliai virtų penne makaronų
- 1 puodelis pesto
- 2 pjaustytų pomidorų
- 1 puodelis supjaustyto mocarelos sūrio
- Druska ir pipirai pagal skonį
- 1/8 arbatinio šaukštelio raudonėlio
- 2 arbatinius šaukštelius raudonojo vyno acto

Kryptys:

e) Virkite makaronus pagal pakuotės nurodymus, o tai turėtų užtrukti apie 12 minučių. Nusausinkite.

f) Dideliame dubenyje sumaišykite makaronus, pesto, pomidorus ir sūrį; pagardinkite druska, pipirais ir raudonėliais.

g) Ant viršaus užpilkite raudonojo vyno acto.

h) Atidėkite 1 valandai šaldytuve.

PAGRINDINIS PATIEKALAS

49. Itališki ispaniški ryžiai

Porcijos: 6

Ingridientai:

- 1-28 uncijų skardinė kubeliais pjaustytų arba susmulkintų itališkų pomidorų
- 3 puodeliai bet kokios rūšies garuose virtų ilgagrūdžių baltųjų ryžių, virtų iki pakuotės
- 3 šaukštai rapsų arba augalinio aliejaus
- 1 griežinėliais supjaustyta ir nuvalyta paprika
- 2 susmulkintos šviežio česnako skiltelės
- 1/2 puodelio raudonojo vyno arba daržovių arba sultinio
- 2 šaukštai kapotų šviežių petražolių
- 1/2 arbatinio šaukštelio džiovinto raudonėlio ir džiovinto baziliko
- druskos, pipirų, kajeno pagal skonį
- Garnyras: tarkuoto parmezano ir Romano sumaišyto sūrio
- Taip pat galite pridėti bet kokių virtų likučių, kurie yra be kaulų: kubeliais pjaustytą kepsnį, kiaulienos gabalėlius, kubeliais pjaustytą vištieną arba pabandykite naudoti susmulkintus kotletus ar supjaustytą itališką virtą dešrą.
- Neprivalomos daržovės: kubeliais pjaustytos cukinijos, griežinėliais pjaustyti grybai, nuskustos morkos, žirniai ar bet kokios kitos jūsų pageidaujamos daržovės.

Kryptys:

a) Į didelę keptuvę supilkite alyvuogių aliejų, papriką ir česnaką ir kepkite 1 minutę.

b) Į keptuvę sudėkite kubeliais pjaustytus arba susmulkintus pomidorus, vyną ir likusius ingredientus.

c) Troškinkite 35 minutes arba ilgiau, jei dedate daugiau daržovių.

d) Jei naudojate, įdėkite bet kokią paruoštą mėsą ir pakaitinkite padaže apie 5 minutes, prieš supildami į virtus baltus ryžius.

e) Be to, jei naudojate, mėsa jau iškepusi ir ją tereikia pašildyti padaže.

f) Norėdami patiekti, supilkite padažą ant lėkštės su sumaišytais ryžiais ir užpilkite tarkuotu sūriu bei šviežiomis petražolėmis.

50. Itališka Twist Paella

Porcija: 4

Ingridientai

- 2 vištienos kojos su odele, apkepintos
- 2 vištienos šlaunelės su odele, apskrudusios
- 3 dideli gabalėliai itališkų dešrų nuorodų, paruduoti
- 1 raudona ir geltona paprika, supjaustyta juostelėmis ir iš anksto paskrudinta
- 1 ryšelis kūdikių brokolinių, iš anksto išvirtų
- $1\frac{1}{2}$ puodelio ryžių, trumpų grūdų, pavyzdžiui, karnarolių ar arborio
- 4 stiklinės vištienos sultinio, pašildyto
- 1 puodelis skrudintų raudonųjų pipirų tyrės
- $\frac{1}{4}$ puodelio sauso baltojo vyno
- 1 vidutinis svogūnas, didelis kubeliais
- 4 didelės česnako skiltelės, nuskustos
- tarkuoto parmezano arba romano sūrio
- alyvuogių aliejus

Kryptys:

a) Pradėkite kepti vištienos gabaliukus paelijos keptuvėje.

b) Iš keptuvės nuvalykite perteklinį aliejų, tada nuvalykite aliejaus perteklių nuo dešros jungčių.

c) Didelėje keptuvėje pašlakstykite alyvuogių aliejų, tada suberkite nuskustą česnaką ir svogūną ir pakepinkite, kol taps minkšti ir auksiniai.

d) Įpilkite vyno ir leiskite virti minutę.

e) Visus ryžius sumaišykite su puse raudonųjų pipirų tyrės arba šiek tiek daugiau. Sumaišykite, kol tolygiai padengs, tada įspauskite ryžių mišinį į keptuvės dugną.

f) Į ryžius įpilkite šiek tiek tarkuoto sūrio, druskos ir pipirų.

g) Aplink keptuvę išdėliokite dešros gabaliukus kartu su vištienos gabalėliais.

h) Likusias daržoves išdėliokite aplink mėsą kūrybiškai.

i) Ant viršaus atsargiai užpilkite visus 4 puodelius šilto sultinio.

j) Naudodami konditerinį šepetėlį, ant vištienos viršaus aptepkite raudonųjų pipirų tyrės, kad gautumėte daugiau skonio, jei norite, apibarstykite šiek tiek daugiau.

k) Virkite ant silpnos ugnies, laisvai uždengę folija, kol išgaruos drėgmė.

l) Įkaitinkite orkaitę iki 375 °F ir kepkite uždengtą keptuvę 15-20 minučių, kad mėsa būtų iškepusi.

m) Toliau kepkite ant viryklės, kol ryžiai suminkštės.

n) Visas laikas turėtų būti apie 45 minutes.

o) Padėkite kelioms minutėms, kad atvėstų.

p) Papuoškite šviežiais bazilikais ir petražolėmis, susmulkintomis.

51. Ispaniškos bulvių salotos

Porcija: 4

Ingridientai:

- 3 vidutinės (16 uncijų) bulvės
- 1 didelė (3 uncijos) morka, supjaustyta kubeliais
- 5 šaukštai lukštentų žaliųjų žirnelių
- 2/3 puodelio (4 uncijos) šparaginių pupelių
- 1/2 vidutinio svogūno, supjaustyto
- 1 maža raudona paprika, susmulkinta
- 4 kokteiliniai agurkai, supjaustyti
- 2 šaukštai kūdikių kaparėlių
- 12 ančiuviais įdarytų alyvuogių
- 1 kietai virtas kiaušinis, supjaustytas plonais griežinėliais
- 2/3 stiklinės majonezo
- 1 valgomasis šaukštas citrinos sulčių
- 1 arbatinis šaukštelis Dižono garstyčių
- Šviežiai malti juodieji pipirai, pagal skonį
- Susmulkintos šviežios petražolės, papuošti

Kryptys:

a) Puode išvirkite bulves ir morkas lengvai pasūdytame vandenyje. Užvirinkite, tada sumažinkite iki mažos ugnies ir virkite, kol beveik suminkštės.

b) Suberkite žirnelius ir pupeles ir retkarčiais pamaišydami troškinkite, kol visos daržovės suminkštės. Daržoves nusausinkite ir sudėkite į lėkštę patiekti.

c) Dideliame dubenyje sumaišykite svogūną, pipirus, kornišonus, kaparėlius, ančiuviais įdarytas alyvuoges ir kiaušinio gabalėlius.

d) Atskirame dubenyje visiškai sumaišykite majonezą, citrinos sultis ir garstyčias. Supilkite šį mišinį ant serviravimo lėkštės ir gerai išmaišykite, kad visi ingredientai pasidengtų. Pabarstykite žiupsneliu druskos ir pipirų.

e) Papuošę kapotomis petražolėmis, laikykite šaldytuve.

f) Norėdami pagerinti salotų skonį, prieš patiekdami leiskite joms pastovėti kambario temperatūroje apie 1 valandą.

52. Ispanijos Carbonara

Ingridientai

- 1 mažas chorizo kubeliais
- 1 skiltelė česnako smulkiai sumalta
- 1 nedidelis pomidoras kubeliais
- 1 skardinė garbanzos
- sausi prieskoniai: druska, čili dribsniai, raudonėlis, pankolio sėklos, anyžiai
- pimentonas (paprika) kiaušiniams
- pirmo spaudimo alyvuogių aliejus
- 2 kiaušiniai
- 4-6 uncijos. makaronai
- geros kokybės itališkas sūris

Kryptys:

a) Nedideliame kiekyje alyvuogių aliejaus keletą minučių pakepinkite česnaką, pomidorą ir chorizo, tada suberkite pupeles ir skystus bei sausus prieskonius. Užvirinkite, tada sumažinkite ugnį iki minimumo, kol skysčio sumažės per pusę.

b) Tuo tarpu užvirkite makaronų vandenį ir paruoškite kiaušinius, kad jie būtų sumušti į keptuvę su garbanzais ir į įkaitintą orkaitę.

c) Kol keptuvė orkaitėje ir vanduo verda, į puodą suberkite makaronus. Abu jie turėtų būti paruošti tą pačią akimirką.

53. Mėsos kukuliai pomidorų padaže

Porcija: 4

Ingridientai:

- 2 šaukštai alyvuogių aliejaus
- 8 uncijos. Malta jautiena
- 1 puodelis (2 uncijos) šviežių baltų džiūvėsėlių
- 2 šaukštai tarkuoto Manchego arba Parmezano sūrio
- 1 valgomasis šaukštas pomidorų pastos
- 3 skiltelės česnako, smulkiai supjaustytos
- 2 svogūnai, smulkiai pjaustyti
- 2 arbatinius šaukštelius smulkintų šviežių čiobrelių
- 1/2 arbatinio šaukštelio ciberžolės
- Druska ir pipirai, pagal skonį
- 2 puodeliai (16 uncijų) konservuotų slyvinių pomidorų, susmulkintų
- 2 šaukštai raudonojo vyno
- 2 arbatinius šaukštelius susmulkintų šviežių baziliko lapelių
- 2 arbatinius šaukštelius susmulkinto šviežio rozmarino

Kryptys:

a) Dubenyje sumaišykite jautieną, džiūvėsėlius, sūrį, pomidorų pastą, česnaką, svogūnus, kiaušinį, čiobrelius, ciberžolę, druską ir pipirus.

b) Iš mišinio rankomis suformuokite 12–15 kietų rutuliukų.

c) Keptuvėje įkaitinkite alyvuogių aliejų ant vidutinės-stiprios ugnies. Kepkite keletą minučių arba tol, kol kotletai apskrus iš visų pusių.

d) Dideliame dubenyje sumaišykite pomidorus, vyną, baziliką ir rozmariną. Virkite, retkarčiais pamaišydami, apie 20 minučių arba tol, kol kotletai iškeps.

e) Gausiai įberkite druskos ir pipirų, tada patiekite su blanširuotu rapiniu, spagečiais ar duona.

54. Baltųjų pupelių sriuba

Porcijos: 4

Ingridientai:

- 1 susmulkinto svogūno
- 2 šaukštai alyvuogių aliejaus
- 2 susmulkintų salierų stiebelių
- 3 susmulkintos česnako skiltelės
- 4 puodeliai konservuotų cannellini pupelių
- 4 puodeliai vištienos sultinio
- Druska ir pipirai pagal skonį
- 1 arbatinis šaukštelis šviežio rozmarino
- 1 puodelis brokolių žiedynų
- 1 valgomasis šaukštas triufelių aliejaus
- 3 valgomieji šaukštai tarkuoto parmezano sūrio

Kryptys:

d) Didelėje keptuvėje įkaitinkite aliejų.

e) Salierą ir svogūną kepkite keptuvėje apie 5 minutes.

f) Sudėkite česnaką ir išmaišykite, kad susimaišytų. Virkite dar 30 sekundžių.

g) Įmeskite pupeles, 2 puodelius vištienos sultinio, rozmarino, druskos ir pipirų, taip pat brokolius.

h) Užvirinkite skystį, tada sumažinkite ugnį 20 minučių.

i) Suplakite sriubą rankiniu trintuvu, kol pasieks norimą glotnumą.

j) Sumažinkite ugnį iki minimumo ir apšlakstykite trumų aliejumi.

k) Supilkite sriubą į indus ir prieš patiekdami pabarstykite parmezano sūriu.

55. Žuvies sriuba

Porcijos: 8

Ingridientai:

- 32 uncijos. galima kubeliais pjaustytų pomidorų
- 2 šaukštai alyvuogių aliejaus
- ¼ puodelio kapotų salierų
- ½ puodelio žuvies sultinio
- ½ puodelio baltojo vyno
- 1 puodelis aštrių V8 sulčių
- 1 susmulkinta žalia paprika
- 1 susmulkinto svogūno
- 4 susmulkintos česnako skiltelės
- Pagal skonį pasūdykite pipirus
- 1 arbatinis šaukštelis itališkų prieskonių
- 2 nuluptos ir supjaustytos morkos
- 2 ½ svaro supjaustytos tilapijos
- ½ svaro nuluptų ir nuluptų krevečių

Kryptys:

a) Dideliame puode pirmiausia įkaitinkite alyvuogių aliejų.

b) Papriką, svogūną ir salierą kepkite 5 minutes karštoje keptuvėje.

c) Po to suberkite česnaką. Po to kepkite 1 minutę.

d) Dideliame dubenyje sumaišykite visus likusius ingredientus, išskyrus jūros gėrybes.

e) Troškinį virkite 40 minučių ant silpnos ugnies.

f) Sudėkite tilapiją ir krevetes ir išmaišykite, kad susimaišytų.

g) Troškinkite dar 5 minutes.

h) Prieš patiekdami paragaukite ir pakoreguokite prieskonius.

56. Makaronai ir Fagioli

Porcijos: 10

Ingridientai:

- 1 ½ svaro maltos jautienos
- 2 pjaustytų svogūnų
- ½ arbatinio šaukštelio raudonųjų pipirų dribsnių
- 3 šaukštai alyvuogių aliejaus
- 4 susmulkintų salierų stiebelių
- 2 susmulkintos česnako skiltelės
- 5 puodeliai vištienos sultinio
- 1 puodelis pomidorų padažo
- 3 šaukštai pomidorų pastos
- 2 arbatiniai šaukšteliai raudonėlio
- 1 arbatinis šaukštelis baziliko
- Druska ir pipirai pagal skonį
- 1 15 uncijų. gali cannellini pupelės
- 2 puodeliai virtų mažų itališkų makaronų

Kryptys:

a) Dideliame puode kepkite mėsą 5 minutes arba tol, kol ji nebebus rausva. Pašalinkite iš lygties.

b) Didelėje keptuvėje įkaitinkite alyvuogių aliejų ir 5 minutes pakepinkite svogūnus, salierus ir česnakus.

c) Įpilkite sultinio, pomidorų padažo, pomidorų pastos, druskos, pipirų, baziliko ir raudonųjų pipirų dribsnių ir išmaišykite, kad susimaišytų.

d) Uždėkite dangtį ant puodo. Tada sriubą reikia leisti virti 1 valandą.

e) Sudėkite jautieną ir kepkite dar 15 minučių.

f) Suberkite pupeles ir išmaišykite, kad susimaišytų. Po to virkite 5 minutes ant silpnos ugnies.

g) Įmaišykite išvirtus makaronus ir virkite 3 minutes arba kol sušils.

57. Mėsos ir tortellini sriuba

Porcijos: 6

Ingridientai:

- 2 šaukštai alyvuogių aliejaus
- 1 kubeliais pjaustytas svogūnas
- 3 susmulkintos česnako skiltelės
- Druska ir pipirai pagal skonį
- 8 puodeliai vištienos sultinio
- 1 ½ puodelio konservuotų kubeliais pjaustytų pomidorų
- 1 puodelis kapotų kopūstų
- 1 puodelis atšildytų šaldytų žirnelių
- 1 arbatinis šaukštelis susmulkinto baziliko
- 1 arbatinis šaukštelis raudonėlio
- 1 lauro lapas
- 1 svaras atšildytų kotletų – bet kokios rūšies
- 1 svaras šviežio sūrio tortellini
- ¼ puodelio tarkuoto parmezano sūrio

Kryptys:

a) Dideliame puode įkaitinkite alyvuogių aliejų ir pakepinkite svogūną bei česnaką 5 minutes.

b) Dideliame puode sumaišykite vištienos sultinį, pjaustytus pomidorus, lapinius kopūstus, žirnelius, baziliką, raudonėlį, druską, pipirus ir lauro lapą.

c) Toliau skystį užvirinkite. Po to virkite 5 minutes ant silpnos ugnies.

d) Išimkite lauro lapą ir išmeskite.

e) Sudėję kotletus ir tortellini, troškinkite dar 5 minutes.

f) Paskutinis, bet ne mažiau svarbus dalykas – patiekite dubenėliuose su tarkuotu sūriu ant viršaus.

58. Vištiena Marsala

Porcijos: 4

Ingridientai:

- ¼ puodelio miltų
- Druska ir pipirai pagal skonį
- ½ arbatinio šaukštelio čiobrelių
- 4 vištienos krūtinėlės be kaulų, susmulkintos
- ¼ puodelio sviesto
- ¼ puodelio alyvuogių aliejaus
- 2 susmulkintos česnako skiltelės
- 1 ½ puodelio pjaustytų grybų
- 1 kubeliais pjaustytas mažas svogūnas
- 1 puodelis marsalos
- ¼ puodelio pusės ir pusės arba riebios grietinėlės

Kryptys:

a) Dubenyje sumaišykite miltus, druską, pipirus ir čiobrelius.

b) Atskirame dubenyje supilkite vištienos krūtinėlę į mišinį.

c) Didelėje keptuvėje ištirpinkite sviestą ir aliejų.

d) Kepkite česnaką 3 minutes keptuvėje.

e) Įdėkite vištieną ir kepkite 4 minutes iš kiekvienos pusės.

f) Keptuvėje sumaišykite grybus, svogūną ir marsalą.

g) Virkite vištieną 10 minučių ant silpnos ugnies.

h) Perkelkite vištieną į serviravimo lėkštę.

i) Įmaišykite pusę arba riebią grietinėlę. Tada, kepdami aukštoje temperatūroje 3 minutes, nuolat maišykite.

j) Vištieną aptepkite padažu.

59. Česnakinė Čederio vištiena

Porcijos: 8

Ingridientai:

- ¼ puodelio sviesto
- ¼ puodelio alyvuogių aliejaus
- ½ puodelio tarkuoto parmezano sūrio
- ½ puodelio Panko džiūvėsėlių
- ½ puodelio susmulkintų Ritz krekerių
- 3 susmulkintos česnako skiltelės
- 1 ¼ aštraus čederio sūrio
- ¼ arbatinio šaukštelio itališkų prieskonių
- Druska ir pipirai pagal skonį
- ¼ puodelio miltų
- 8 vištienos krūtinėlės

Kryptys:

a) Įkaitinkite orkaitę iki 350 laipsnių pagal Farenheitą.

b) Keptuvėje ištirpinkite sviestą ir alyvuogių aliejų ir pakepinkite česnaką 5 minutes.

c) Dideliame dubenyje sumaišykite džiūvėsėlius, susmulkintus krekerius, abu sūrius, prieskonius, druską ir pipirus.

d) Kiekvieną vištienos gabalėlį kuo greičiau pamerkite į sviesto/alyvuogių aliejaus mišinį.

e) Vištieną pabarstykite miltais ir supilkite į ją.

f) Įkaitinkite orkaitę iki 350 ° F ir aptepkite vištieną džiūvėsėlių mišiniu.

g) Kiekvieną vištienos gabalėlį sudėkite į kepimo indą.

h) Ant viršaus užtepkite sviesto/aliejaus mišinį.

i) Įkaitinkite orkaitę iki 350 ° F ir kepkite 30 minučių.

j) Kad būtų dar traškesnis, padėkite po broileriu 2 minutėms.

60. Vištiena Fettuccini Alfredo

Porcijos: 8

Ingridientai:

- 1 svaras fettuccine makaronų
- 6 vištienos krūtinėlės be kaulų, be odos, gražiai supjaustytos kubeliais ¾ puodelio sviesto, padalintos
- 5 susmulkintos česnako skiltelės
- 1 arbatinis šaukštelis čiobrelių
- 1 arbatinis šaukštelis raudonėlio
- 1 kubeliais pjaustytas svogūnas
- 1 puodelis pjaustytų grybų
- ½ stiklinės miltų
- Druska ir pipirai pagal skonį
- 3 puodeliai pilno pieno
- 1 puodelis riebios grietinėlės
- ¼ puodelio tarkuoto gruyere sūrio
- ¾ puodelio tarkuoto parmezano sūrio

Kryptys:

a) Įkaitinkite orkaitę iki 350 ° F ir virkite makaronus pagal pakuotės nurodymus, maždaug 10 minučių.

b) Keptuvėje ištirpinkite 2 šaukštus sviesto ir sudėkite vištienos kubelius, česnaką, čiobrelius ir raudonėlį, virkite ant silpnos ugnies 5 minutes arba tol, kol vištiena nebebus rausva. Pašalinti.

c) Toje pačioje keptuvėje ištirpinkite likusius 4 šaukštus sviesto ir pakepinkite svogūną bei grybus.

d) Įmaišykite miltus, druską ir pipirus 3 minutes.

e) Įpilkite riebios grietinėlės ir pieno. Maišykite dar 2 minutes.

f) Sumaišykite sūrį 3 minutes ant silpnos ugnies.

g) Grąžinkite vištieną į keptuvę ir pagardinkite pagal skonį.

h) Virkite 3 minutes ant silpnos ugnies.

i) Padažą užpilkite ant makaronų.

61. Ziti su dešra

Porcijos: 8

Ingridientai:

- 1 svaras trupintos itališkos dešros
- 1 puodelis pjaustytų grybų
- ½ puodelio kubeliais pjaustytų salierų
- 1 kubeliais pjaustytas svogūnas
- 3 susmulkintos česnako skiltelės
- 42 uncijos. parduotuvėje pirkto spagečių padažo arba naminio
- Druska ir pipirai pagal skonį
- ½ arbatinio šaukštelio raudonėlio
- ½ arbatinio šaukštelio baziliko
- 1 svaras nevirtų ziti makaronų
- 1 puodelis tarkuoto mocarelos sūrio
- ½ puodelio tarkuoto parmezano sūrio
- 3 valgomieji šaukštai kapotų petražolių

Kryptys:

j) Keptuvėje 5 minutes pakepinkite dešrą, grybus, svogūną ir salierą.

k) Po to suberkite česnaką. Virkite dar 3 minutes. Pašalinkite iš lygties.

l) Į atskirą keptuvę įpilkite spagečių padažo, druskos, pipirų, raudonėlio ir baziliko.

m) Padažą troškinkite 15 minučių.

n) Kol padažas verda, paruoškite makaronus keptuvėje pagal pakuotės nurodymus. Nusausinkite.

o) Įkaitinkite orkaitę iki 350 laipsnių pagal Farenheitą.

p) Į kepimo indą dviem sluoksniais sudėkite ziti, dešrų mišinį ir susmulkintą mocarelą.

q) Ant viršaus pabarstykite petražoles ir parmezano sūrį.

r) Įkaitinkite orkaitę iki 350 ° F ir kepkite 25 minutes.

62. Dešra ir pipirai

Porcijos: 4

Ingridientai:

- 1 pakelis spagečių
- 1 valgomasis šaukštas alyvuogių aliejaus
- 4 saldžios itališkos dešros nuorodos, supjaustytos kąsnio dydžio gabalėliais
- 2 raudonos paprikos supjaustytos juostelėmis.
- 2 žalios paprikos supjaustytos juostelėmis
- 2 oranžinės paprikos supjaustytos juostelėmis
- 3 susmulkintos česnako skiltelės
- 1 arbatinis šaukštelis itališkų prieskonių
- Druska ir pipirai pagal skonį
- 3 šaukštai gryno alyvuogių aliejaus
- 12 uncijų. kubeliais pjaustytų konservuotų pomidorų
- 3 šaukštai raudonojo vyno
- 1/3 puodelio kapotų petražolių
- ¼ puodelio tarkuoto Asiago sūrio

Kryptys:

a) Virkite spagečius pagal pakuotės nurodymus, o tai turėtų užtrukti apie 5 minutes. Nusausinkite

b) Keptuvėje įkaitinkite alyvuogių aliejų ir kepkite dešreles 5 minutes.

c) Padėkite dešrą ant serviravimo lėkštės.

d) Į tą pačią keptuvę suberkite paprikas, česnaką, itališkus prieskonius, druską ir pipirus.

e) Papriką apšlakstykite 3 šaukštais alyvuogių aliejaus.

f) Įpilkite kubeliais pjaustytų pomidorų ir vyno ir išmaišykite, kad susimaišytų.

g) Iš viso troškinkite 10 minučių.

h) Sureguliuokite prieskonius, išmesdami spagečius su paprikomis.

i) Ant viršaus uždėkite petražoles ir Asiago sūrį.

63. Saldi lazanija

Porcijos: 4

Ingridientai:

- 1 ½ svaro trupintos aštrios itališkos dešros
- 5 puodeliai parduotuvėje pirkto spagečių padažo
- 1 puodelis pomidorų padažo
- 1 arbatinis šaukštelis itališkų prieskonių
- ½ puodelio raudonojo vyno
- 1 valgomasis šaukštas cukraus
- 1 valgomasis šaukštas aliejaus
- 5 malto česnako pirštinės
- 1 kubeliais pjaustytas svogūnas
- 1 puodelis tarkuoto mocarelos sūrio
- 1 puodelis susmulkinto provolono sūrio
- 2 puodeliai rikotos sūrio
- 1 puodelis varškės
- 2 dideli kiaušiniai
- ¼ puodelio pieno
- 9 makaronai lazanijos makaronai – plikyti
- ¼ puodelio tarkuoto parmezano sūrio

Kryptys:

a) Įkaitinkite orkaitę iki 375 laipsnių pagal Farenheitą.

b) Keptuvėje 5 minutes pakepinkite sutrupėjusią dešrą. Bet kokį tepalą reikia išmesti.

c) Dideliame puode sumaišykite makaronų padažą, pomidorų padažą, itališkus prieskonius, raudonąjį vyną ir cukrų ir gerai išmaišykite.

d) Keptuvėje įkaitinkite alyvuogių aliejų. Tada 5 minutes pakepinkite česnaką ir svogūną.

e) Į padažą įmaišykite dešrą, česnaką ir svogūną.

f) Po to puodą uždenkite ir palikite troškintis 45 minutes.

g) Maišymo inde sumaišykite mocarelos ir provolono sūrius.

h) Atskirame dubenyje sumaišykite rikotą, varškę, kiaušinius ir pieną.

i) Į 9 x 13 kepimo indą supilkite 12 puodelių padažo į dugną.

j) Dabar kepimo inde trimis sluoksniais išdėliokite makaronus, padažą, rikotą ir mocarelą.

k) Ant viršaus užtepkite parmezano sūrio.

l) Kepame uždengtame inde 30 min.

m) Atidengę indą, kepkite dar 15 minučių.

64. Diavolo jūros gėrybių vakarienė

Porcijos: 4

Ingridientai:

- 1 svaras didelės nuluptos ir nuluptos krevetės
- ½ svaro apkepintų šukučių
- 3 šaukštai alyvuogių aliejaus
- ½ arbatinio šaukštelio raudonųjų pipirų dribsnių
- Druska pagal skonį
- 1 pjaustytas nedidelis svogūnas
- ½ arbatinio šaukštelio čiobrelių
- ½ arbatinio šaukštelio raudonėlio
- 2 sutrintos ančiuvių filė
- 2 šaukštai pomidorų pastos
- 4 susmulkintos česnako skiltelės
- 1 puodelis baltojo vyno
- 1 arbatinis šaukštelis citrinos sulčių
- 2 ½ puodelio pjaustytų pomidorų
- 5 valgomieji šaukštai petražolių

Kryptys:

a) Maišymo inde sumaišykite krevetes, šukutes, alyvuogių aliejų, raudonųjų pipirų dribsnius ir druską.

b) Įkaitinkite keptuvę iki 350 ° F. 3 minutes troškinkite jūros gėrybes vienais sluoksniais. Tai yra kažkas, ką galima padaryti krūvomis.

c) Į serviravimo lėkštę sudėkite krevetes ir šukutes.

d) Dar kartą įkaitinkite keptuvę.

e) 2 minutes pakepinkite svogūną, žoleles, ančiuvių filė ir pomidorų pastą.

f) Sumaišykite vyną, citrinos sultis ir kubeliais pjaustytus pomidorus maišymo dubenyje.

g) Užvirinkite skystį.

h) Nustatykite žemą temperatūrą. Po to kepkite 15 minučių.

i) Grąžinkite jūros gėrybes į keptuvę kartu su petražolėmis.

j) Virkite 5 minutes ant silpnos ugnies.

65. Linguine ir krevetės Scampi

Porcijos: 6

Ingridientai:

- 1 pakuotė linguine makaronų
- ¼ puodelio sviesto
- 1 susmulkinta raudonoji paprika
- 5 susmulkintos česnako skiltelės
- 45 žalios didelės krevetės, nuluptos ir nuluptos, ½ puodelio sauso baltojo vyno ¼ puodelio vištienos sultinio
- 2 šaukštai citrinos sulčių
- ¼ puodelio sviesto
- 1 šaukšteliai grūstų raudonųjų pipirų dribsnių
- ½ arbatinio šaukštelio šafrano
- ¼ puodelio kapotų petražolių
- Druska pagal skonį

Kryptys:

a) Virkite makaronus pagal pakuotės nurodymus, o tai turėtų užtrukti apie 10 minučių.

b) Nupilkite vandenį ir atidėkite į šalį.

c) Didelėje keptuvėje ištirpinkite sviestą.

d) Papriką ir česnaką kepkite keptuvėje 5 minutes.

e) Sudėkite krevetes ir toliau patroškinkite dar 5 minutes.

f) Išimkite krevetes į lėkštę, bet česnaką ir pipirus palikite keptuvėje.

g) Baltąji vyną, sultinį ir citrinos sultis užvirinkite.

h) Grąžinkite krevetes į keptuvę su dar 14 puodelių geresnio.

i) Suberkite raudonųjų pipirų dribsnius, šafraną ir petražoles ir pagal skonį pagardinkite druska.

j) Sumaišę su makaronais, troškinkite 5 minutes.

66. Krevetės su Pesto grietinėlės padažu

Porcijos: 6

Ingridientai:

- 1 pakuotė linguine makaronų
- 1 valgomasis šaukštas alyvuogių aliejaus
- 1 susmulkinto svogūno
- 1 puodelis pjaustytų grybų
- 6 susmulkintos česnako skiltelės
- ½ puodelio sviesto
- Druska ir pipirai pagal skonį
- ½ arbatinio šaukštelio kajeno pipirų
- 1 3/4 puodelio tarkuoto Pecorino Romano
- 3 šaukštai miltų
- ½ puodelio riebios grietinėlės
- 1 puodelis pesto
- 1 svaras virtų krevečių, nuluptų ir nuluptų

Kryptys:

a) Virkite makaronus pagal pakuotės nurodymus, o tai turėtų užtrukti apie 10 minučių. Nusausinkite.

b) Keptuvėje įkaitinkite aliejų ir 5 minutes pakepinkite svogūną ir grybus.

c) Sumaišę česnaką ir sviestą, kepkite 1 minutę.

d) Į keptuvę supilkite riebią grietinėlę ir pagardinkite druska, pipirais ir kajeno pipirais.

e) Troškinkite dar 5 minutes.

f) Suberkite sūrį ir išmaišykite, kad susimaišytų. Plakite toliau, kol sūris išsilydys.

g) Tada, kad padažas sutirštėtų, įmaišykite miltus.

h) Kepkite 5 minutes su pesto ir krevetėmis.

i) Makaronus aptepkite padažu.

67. Žuvis ir Chorizo sriuba

Porcijos: 4

Ingridientai:

- 2 žuvies galvos (naudojamos žuvies sultiniui virti)
- 500 g žuvies filė, supjaustyta gabalėliais
- 1 svogūnas
- 1 skiltelė česnako
- 1 puodelis baltojo vyno
- 2 šaukštai alyvuogių aliejaus
- 1 sauja petražolių (smulkintų)
- 2 puodeliai žuvies sultinio
- 1 sauja raudonėlio (smulkinto)
- 1 valgomasis šaukštas druskos
- 1 valgomasis šaukštas pipirų
- 1 salieras
- 2 skardinės pomidorų (pomidorų)
- 2 raudonieji čili pipirai
- 2 chorizo dešrelės
- 1 valgomasis šaukštas paprikos
- 2 lauro lapai

Kryptys:

a) Nuvalykite žuvies galvą. Žiaunos turi būti pašalintos. Pagardinkite druska. Virkite 20 minučių žemoje temperatūroje. Pašalinkite iš lygties.

b) Į keptuvę supilkite alyvuogių aliejų. Dideliame dubenyje sumaišykite svogūną, lauro lapus, česnaką, chorizo ir papriką. 7 minutes orkaitėje

c) Dideliame dubenyje sumaišykite raudonuosius čili pipirus, pomidorus, salierus, pipirus, druską, raudonėlį, žuvies sultinį ir baltąjį vyną.

d) Iš viso kepkite 10 minučių.

e) Įmeskite į žuvį. 4 minutes orkaitėje

f) Naudokite ryžius kaip garnyrą.

g) Įdėkite petražoles kaip garnyrą.

68.   Ispanų Ratatouille

Porcijos: 4

Ingridientai:

- 1 raudona paprika (supjaustyta)
- 1 vidutinio dydžio svogūnas (supjaustytas arba supjaustytas)
- 1 skiltelė česnako
- 1 cukinija (smulkinta)
- 1 žalioji paprika (supjaustyta kubeliais)
- 1 valgomasis šaukštas druskos
- 1 valgomasis šaukštas pipirų
- 1 skardinė pomidorų (smulkintų)
- 3 šaukštai alyvuogių aliejaus
- 1 šlakelis baltojo vyno
- 1 sauja šviežių petražolių

Kryptys:

a) Į keptuvę supilkite alyvuogių aliejų.

b) Suberti svogūnus. Leiskite 4 minutes kepti ant vidutinės ugnies.

c) Suberkite česnaką ir pipirus. Leiskite dar 2 minutes kepti.

d) Supilkite cukinijas, pomidorus, baltąjį vyną ir pagal skonį pagardinkite druska ir pipirais.

e) Virkite 30 minučių arba kol iškeps.

f) Jei norite, papuoškite petražolėmis.

g) Patiekite su ryžiais arba skrebučiais kaip garnyrą.

h) Mėgautis!!!

69. Pupelių ir Chorizo troškinys

Porcijos: 3

Ingridientai:

- 1 morka (supjaustyta)
- 3 šaukštai alyvuogių aliejaus
- 1 vidutinio dydžio svogūnas
- 1 raudona paprika
- 400 g džiovintų pupelių
- 300 gramų Chorizo dešros
- 1 žalioji paprika
- 1 puodelis petražolių (smulkintų)
- 300 g pomidorų (pjaustytų kubeliais)
- 2 puodeliai vištienos sultinio
- 300 gramų vištienos šlaunelių (filė)
- 6 skiltelės česnako
- 1 vidutinio dydžio bulvė (supjaustyta)
- 2 valgomieji šaukštai čiobrelių
- 2 šaukštai druskos pagal skonį
- 1 valgomasis šaukštas pipirų

Kryptys:

a) Į keptuvę supilkite augalinį aliejų. Suberti svogūną. Leiskite 2 minutes kepti ant vidutinės ugnies.

b) Dideliame dubenyje sumaišykite česnaką, morkas, papriką, chorizo ir vištienos šlauneles. Leiskite virti 10 minučių.

c) Suberkite čiobrelius, vištienos sultinį, pupeles, bulves, pomidorus, petražoles ir pagal skonį pagardinkite druska ir pipirais.

d) Virkite 30 minučių arba tol, kol pupelės suminkštės, o troškinys sutirštės.

70. Gazpacho

Porcijos: 6

Ingridientai:
- 2 svarai prinokusių pomidorų, pjaustytų
- 1 raudona paprika (supjaustyta)
- 2 skiltelės česnako (maltas)
- 1 valgomasis šaukštas druskos
- 1 valgomasis šaukštas pipirų
- 1 valgomasis šaukštas kmynų (maltų)
- 1 puodelis raudonojo svogūno (smulkinto)
- 1 didelio dydžio Jalapeño pipiras
- 1 puodelis alyvuogių aliejaus
- 1 laimas 1 vidutinio dydžio agurkas
- 2 Valgomieji šaukštai acto
- 1 puodelis pomidorų (sulčių)
- 1 valgomasis šaukštas Worcestershire padažo
- 2 šaukštai šviežio baziliko (supjaustyto)
- 2 riekelės duonos

Kryptys:

g) Maišymo dubenyje sumaišykite agurką, pomidorus, papriką, svogūną, česnaką, jalapeño, druską ir kmynus. Viską iki galo išmaišykite.

h) Maišytuve sumaišykite alyvuogių aliejų, actą, Vusterio padažą, laimo sultis, pomidorų sultis ir duoną. Maišykite, kol mišinys taps visiškai vientisas.

i) Sumaišykite sumaišytą mišinį į pradinį mišinį naudodami sietelį.

j) Būtinai viską visiškai sujunkite.

k) Pusę mišinio supilkite į trintuvą ir sutrinkite. Maišykite, kol mišinys taps visiškai vientisas.

l) Sumaišytą mišinį grąžinkite į likusį mišinį. Viską iki galo išmaišykite.

m) Uždengę dubenį, 2 valandas laikykite šaldytuve.

n) Po 2 valandų išimkite dubenį. Pagardinkite mišinį druska ir pipirais. Patiekalo viršų pabarstykite baziliku.

o) Tarnauti.

71. Kalmarai ir ryžiai

Porcijos: 4

Ingridientai:

- 6 uncijos. jūros gėrybės (bet kokios jūsų pasirinkimo)
- 3 skiltelės česnako
- 1 vidutinio dydžio svogūnas (supjaustytas)
- 3 šaukštai alyvuogių aliejaus
- 1 žalioji paprika (supjaustyta)
- 1 valgomasis šaukštas kalmarų rašalo
- 1 krūva petražolių
- 2 valgomieji šaukštai paprikos
- 550 gramų kalmarų (valytų)
- 1 valgomasis šaukštas druskos
- 2 salierai (supjaustyti kubeliais)
- 1 šviežias lauro lapas
- 2 vidutinio dydžio pomidorai (tarkuoti)
- 300 g calasparra ryžių
- 125 ml baltojo vyno
- 2 puodeliai žuvies sultinio
- 1 citrina

Kryptys:

e) Į keptuvę supilkite alyvuogių aliejų. Dubenyje sumaišykite svogūną, lauro lapą, pipirus ir česnaką. Leiskite keletą minučių pakepti.

f) Įmeskite kalmarus ir jūros gėrybes. Virkite keletą minučių, tada išimkite kalmarus / jūros gėrybes.

g) Dideliame dubenyje sumaišykite papriką, pomidorus, druską, salierą, vyną ir petražoles. Palikite 5 minutes, kol daržovės baigs virti.

h) Suberkite į keptuvę nuplautus ryžius. Maišymo dubenyje sumaišykite žuvies sultinį ir kalmarų rašalą.

i) Iš viso kepkite 10 minučių. Dideliame dubenyje sumaišykite jūros gėrybes ir kalmarus.

j) Virkite dar 5 minutes.

k) Patiekite su aioli arba citrina.

72. Triušio troškinys pomidoruose

Porcijos: 5

Ingridientai:

- 1 pilnas triušis, supjaustytas gabalėliais
- 1 lauro lapas
- 2 didelio dydžio svogūnai
- 3 skiltelės česnako
- 2 šaukštai alyvuogių aliejaus
- 1 valgomasis šaukštas saldžiosios paprikos
- 2 šakelės šviežio rozmarino
- 1 skardinė pomidorų
- 1 čiobrelio šakelė
- 1 puodelis baltojo vyno
- 1 valgomasis šaukštas druskos
- 1 valgomasis šaukštas pipirų

Kryptys:

a) Keptuvėje ant vidutinės-stiprios ugnies įkaitinkite alyvuogių aliejų.

b) Įkaitinkite aliejų ir sudėkite triušienos gabalėlius. Kepkite, kol gabalėliai tolygiai paruduos.

c) Baigę jį pašalinkite.

d) Į tą pačią keptuvę sudėkite svogūnus ir česnakus. Virkite, kol visiškai suminkštės.

e) Dideliame dubenyje sumaišykite čiobrelius, papriką, rozmariną, druską, pipirus, pomidorus ir lauro lapą. Leiskite virti 5 minutes.

f) Supilkite triušio gabalėlius su vynu. Virkite uždengę 2 valandas arba tol, kol triušio gabaliukai iškeps ir padažas sutirštės.

g) Patiekite su keptomis bulvėmis arba skrebučiais.

73. Krevetės su pankoliu

Porcijos: 3

Ingridientai:

- 1 valgomasis šaukštas druskos
- 1 valgomasis šaukštas pipirų
- 2 skiltelės česnako (supjaustytos)
- 2 šaukštai alyvuogių aliejaus
- 4 šaukštai manzanilinio šerio
- 1 pankolio svogūnėlis
- 1 sauja petražolių stiebelių
- 600 g vyšninių pomidorų
- 15 didelių dydžių krevečių, nuluptų
- 1 puodelis baltojo vyno

Kryptys:

a) Dideliame puode įkaitinkite aliejų. Į dubenį sudėkite supjaustytas česnako skilteles. Leiskite kepti, kol česnakas taps auksinės spalvos.

b) Į mišinį įpilkite pankolių ir petražolių. Virkite 10 minučių ant silpnos ugnies.

c) Dideliame dubenyje sumaišykite pomidorus, druską, pipirus, cheresą ir vyną. Užvirinkite 7 minutes arba tol, kol padažas sutirštės.

d) Ant viršaus dėkite nuluptas krevetes. Virkite 5 minutes arba tol, kol krevetės taps rausvos spalvos.

e) Papuoškite pabarstydami petražolių lapeliais.

f) Patiekite su duonos šonu.

g)

74. Keptas Bolonijos rizotas

Tarnauja 6

Ingridientai:

- maltos jautienos 300g
- kaštoniniai grybai 200g, supjaustyti ketvirčiais
- džiovintų kiaulienos grybų 15g
- jautienos sultinys 750ml, karštas
- alyvuogių aliejus 2 šaukštai
- svogūnas 1, smulkiai pjaustytas
- česnako 1 skiltelė, smulkiai pjaustyta
- arborio ryžiai 200g
- Passata 200ml
- pomidorų tyrės 1 valgomasis šaukštas
- Keli brūkšniai Vusterio padažo
- salierų druskos 1 arbat
- džiovinto raudonėlio 1 arbat
- mocarelos 2 rutuliukai, supjaustyti kubeliais
- parmezano 30g, smulkiai tarkuoto

Nurodymai:

u) Įkaitinkite orkaitę iki 200C/ventiliatorius 180C/dujos 6. Faršą ir kaštonų grybus paskleiskite ant nepridegančios kepimo skardos.

v) Virkite 20-25 minutes, retkarčiais pamaišydami, kol faršas paruduos, grybai įgaus spalvą ir išgaruos skysčio perteklius.

w) Tuo tarpu džiovintus grybus sudėkite į dubenį ir užpilkite 150 ml karšto sultinio.

x) Įkaitinkite alyvuogių aliejų negilioje puode arba gilioje orkaitėje atsparioje keptuvėje ir pakepinkite svogūną, kol suminkštės. Suberkite česnaką, pakepkite minutę, tada suberkite ryžius ir maišykite su aliejumi bei svogūnais, kol visiškai apskrus.

y) Grybų tirpalą nukoškite (nepalikdami kruopų). Išmirkytus grybus susmulkinkite ir įmaišykite, tada palaipsniui įpilkite grybų gėrimo, maišydami. Supilkite likusį jautienos sultinį po samtį, įpilkite daugiau, kai ankstesnis samtelis susigers, kol ryžiai beveik išvirs.

z) Įmaišykite passatą, tada įdėkite keptos maltos jautienos, grybų, pomidorų tyrės ir Vusterio padažo, salierų druskos ir raudonėlio.

aa) Užvirkite, įpilkite šiek tiek daugiau vandens, jei atrodo, kad jis sausas. Įmaišykite ¾ mocarelos. Likusią dalį viršų pabarstykite parmezanu. Pašaukite į orkaitę 25 minutėms neuždengtą, kol taps auksinės spalvos ir pradės burbuliuoti.

75. Pomidorų rizotas ir grybai

Išeiga: 1 porcija

Ingridientai

- 1 svaras šviežių pomidorų; perpus ir pasėtus
- Šlakelis alyvuogių aliejaus
- Druska
- Šviežiai malti juodieji pipirai
- 4 vidutiniai Portobello grybai; stiebas ir išvalytas
- 1 svaras šviežio mocarelos sūrio; supjaustyti
- 1 valgomasis šaukštas alyvuogių aliejaus
- 1 stiklinė pjaustytų svogūnų
- 6 puodeliai Vandens
- 1 arbatinis šaukštelis susmulkinto česnako
- 1 svaras Arborio ryžių
- 1 valgomasis šaukštas nesūdyto sviesto
- $\frac{1}{4}$ puodelio riebios grietinėlės
- $\frac{1}{2}$ puodelio šviežiai tarkuoto Parmigiano-Reggiano sūrio
- 3 šaukštai susmulkintų žaliųjų svogūnų;

Nurodymai:

a) Įkaitinkite grilį iki 400 laipsnių. Dubenyje sumaišykite pomidorus su alyvuogių aliejumi, druska ir pipirais. Dėkite ant grotelių ir kepkite po 2–3 minutes iš kiekvienos pusės. Išimkite iš grotelių ir atidėkite į šalį. Įkaitinkite orkaitę iki 400 laipsnių.

b) Portobello grybą dėkite ant pergamento išklotos kepimo skardos, ertme aukštyn. Abi grybų puses apšlakstykite alyvuogių aliejumi.

c) Pagardinkite abi puses druska ir pipirais. Ant kiekvienos grybo ertmės aptepkite ketvirtadalį sūrio.

d) Pašaukite į orkaitę ir kepkite, kol grybai suminkštės, o sūris ims burbuliuoti, apie 10 minučių. Didelėje keptuvėje ant vidutinės ugnies įkaitinkite alyvuogių aliejų.

e) Sudėkite svogūnus. Pagardinkite druska ir pipirais. Troškinkite, kol svogūnai šiek tiek suminkštės, apie 3 minutes.

f) Įpilkite vandens ir česnako. Mišinį užvirinkite, sumažinkite ugnį iki vidutinės ir troškinkite apie 6 minutes.

g) Suberkite ryžius ir troškinkite, nuolat maišydami, kol masė taps kreminė ir putojanti, maždaug 18 minučių. Įmaišykite sviestą, grietinėlę, sūrį ir žaliuosius svogūnus.

h) Nuolat maišydami troškinkite apie 2 minutes. Nukelkite nuo ugnies ir įmaišykite pomidorus.

DESERTAS

76.   Itališkas artišokų pyragas

Porcijos: 8 porcijos

Ingredientas

- 3 Kiaušiniai; Sumuštas
- 1 3 oz pakuotės kreminio sūrio su česnakais; Suminkštėjo
- ¾ arbatinio šaukštelio česnako miltelių
- ¼ arbatinio šaukštelio pipirų
- 1½ puodelio mocarelos sūrio, dalis nugriebto pieno; Susmulkinta
- 1 puodelis Ricotta sūrio
- ½ puodelio majonezo
- 1 14 uncijų skardinės artišokų širdelės; Nusausintas
- ½ 15 oz Can Garbanzo pupelių, konservuotų; Išskalauti ir nusausinti
- 1 2 1/4 uncijos skardinės pjaustytų alyvuogių; Nusausintas
- 1 2 Oz stiklainis Pimientos; Supjaustyti kubeliais ir nusausinti
- 2 šaukštai petražolių; Nukirpta
- 1 pyrago pluta (9 colių); Neiškeptas
- 2 maži pomidorai; Supjaustyta

Kryptys:

a) Dideliame dubenyje sumaišykite kiaušinius, grietinėlės sūrį, česnako miltelius ir pipirus. Maišymo dubenyje sumaišykite 1 puodelį mocarelos sūrio, rikotos sūrio ir majonezo.

b) Maišykite, kol viskas gerai susimaišys.

c) 2 artišokų širdeles perpjaukite per pusę ir atidėkite. Susmulkinkite likusias širdeles.

d) Sumaišykite sūrio mišinį su kapotomis širdelėmis, garbanzo pupelėmis, alyvuogėmis, pimientos ir petražolėmis. Užpildykite tešlos kevalą mišiniu.

e) Kepkite 30 minučių 350 laipsnių temperatūroje. Ant viršaus reikia pabarstyti likusį mocarelos sūrį ir parmezaną.

f) Kepkite dar 15 minučių arba kol sustings.

g) Palikite 10 minučių pailsėti.

h) Ant viršaus išdėliokite pomidorų griežinėlius ir ketvirčiais supjaustytas artišokų širdeles.

i) Tarnauti

77. Spagečių mėsos kukulių pyragas

Porcijos: 4-6

Ingridientai:

- 1-26 uncijos. maišelis jautienos kotletų
- 1/4 puodelio kapotų žaliųjų pipirų
- 1/2 puodelio susmulkinto svogūno
- 1-8 uncijos. pakuotės spagečiai
- 2 kiaušiniai, šiek tiek paplakti
- 1/2 puodelio tarkuoto parmezano sūrio
- 1-1/4 puodelio susmulkinto mocarelos sūrio
- 26 uncijos. stiklainis stambus spagečių padažas

Nurodymai:

q) Įkaitinkite orkaitę iki 375°F. Pakepinkite paprikas ir svogūnus, kol suminkštės, apie 10 minučių. Atidėti.

r) Išvirkite spagečius, nusausinkite, nuplaukite šaltu vandeniu ir nusausinkite. Sudėkite į didelį maišymo dubenį.

s) Įmuškite kiaušinius ir parmezano sūrį ir išmaišykite, kad susimaišytų. Įspauskite mišinį į apipurkštos 9 colių pyrago lėkštės dugną. Ant viršaus uždėkite 3/4 puodelio susmulkinto mocarelos sūrio. Atšildykite šaldytus kotletus mikrobangų krosnelėje 2 minutes.

t) Kiekvieną mėsos kukulį perpjaukite per pusę. Ant sūrio mišinio sluoksniuokite mėsos kukulių puseles. Spagečių padažą sumaišykite su virtais pipirais ir svogūnais.

u) Šaukštu uždėkite mėsos kukulių sluoksnį. Laisvai uždenkite folija ir kepkite 20 minučių.

v) Išimkite iš orkaitės ir pabarstykite 1/2 puodelio mocarelos sūrio ant spagečių padažo mišinio.

w) Toliau kepkite neuždengtą dar 10 minučių, kol pradės burbuliuoti. Supjaustykite griežinėliais ir patiekite.

78. Šokoladinė Panna Cotta

5 porcijos

Ingridientai:

- 500 ml riebios grietinėlės
- 10 g želatinos
- 70 g juodojo šokolado
- 2 šaukštai jogurto
- 3 šaukštai cukraus
- žiupsnelis druskos

Kryptys:

a) Nedideliame kiekyje grietinėlės pamirkykite želatiną.

b) Į nedidelį puodą supilkite likusią grietinėlę. Cukrų ir jogurtą užvirinkite, retkarčiais pamaišydami, bet neužvirinkite. Nuimkite keptuvę nuo ugnies.

c) Įmaišykite šokoladą ir želatiną, kol jie visiškai ištirps.

d) Užpildykite formeles tešla ir šaldykite 2-3 valandas.

e) Norėdami išimti panakotą iš formos, prieš išimdami desertą, keletą sekundžių paleiskite ją po karštu vandeniu.

f) Papuoškite pagal savo skonį ir patiekite!

79.   Sūrioji Galette su saliamiu

5 porcijos

Ingridientai:

- 130 g sviesto
- 300 g miltų
- 1 arbatinis šaukštelis druskos
- 1 kiaušinis
- 80 ml pieno
- 1/2 arbatinio šaukštelio acto
- Užpildymas:
- 1 pomidoras
- 1 saldžiosios paprikos
- cukinijos
- saliamis
- mocarela
- 1 valgomasis šaukštas alyvuogių aliejaus
- žolelių (tokių kaip čiobreliai, bazilikas, špinatai)

Kryptys:

a) Sviestą supjaustykite kubeliais.

b) Dubenyje ar keptuvėje sumaišykite aliejų, miltus ir druską ir susmulkinkite peiliu.

c) Įmuškite kiaušinį, šiek tiek acto ir šiek tiek pieno.

d) Pradėkite minkyti tešlą. Susukę į rutulį ir suvynioję į plastikinę plėvelę, pusvalandį palaikykite šaldytuve.

e) Supjaustykite visus įdaro ingredientus.

f) Įdarą dėkite į didelio tešlos apskritimo, iškloto ant kepimo popieriumi išklotos popierinės popierinės popierinės popierių, centrą (išskyrus mocarelą).

g) Apšlakstykite alyvuogių aliejumi ir pagardinkite druska bei pipirais.

h) Tada atsargiai pakelkite tešlos kraštus, apvyniokite jais persidengiančias dalis ir lengvai įspauskite.

i) Įkaitinkite orkaitę iki 200°C ir kepkite 35 minutes. Dešimt minučių iki kepimo pabaigos sudėkite mocarelą ir kepkite toliau.

j) Patiekite iš karto!

80. Tiramisu

Porcijos: 6

Ingridientai:

- 4 kiaušinių tryniai
- $\frac{1}{4}$ puodelio baltojo cukraus
- 1 valgomasis šaukštas vanilės ekstrakto
- $\frac{1}{2}$ stiklinės plaktos grietinėlės
- 2 puodeliai maskarponės sūrio
- 30 ponios pirštų
- 1 $\frac{1}{2}$ puodelio šaltai užplikytos kavos, laikomos šaldytuve
- $\frac{3}{4}$ puodelio Frangelico likerio
- 2 valgomieji šaukštai nesaldintos kakavos miltelių

Kryptys:

a) Dubenyje suplakite kiaušinių trynius, cukrų ir vanilės ekstraktą iki kreminės masės.

b) Po to iki standumo išplakti grietinėlę.

c) Sumaišykite maskarponės sūrį ir plaktą grietinėlę.

d) Nedideliame maišymo dubenyje maskarponę lengvai įmaišykite į kiaušinių trynius ir palikite.

e) Sumaišykite alkoholį su šalta kava.

f) Nedelsdami panardinkite pirštus į kavos mišinį. Jei ponios pirštai bus per šlapi ar drėgni, jie bus permirkę.

g) Pusę pirštelių padėkite ant 9x13 colių kepimo indo dugno.

h) Ant viršaus uždėkite pusę įdaro mišinio.

i) Ant viršaus uždėkite likusius moteriškus pirštus.

j) Ant indo uždėkite dangtelį. Po to atvėsinkite 1 valandą.

k) Pabarstykite kakavos milteliais.

81.   Kreminis Ricotta pyragas

Porcijos: 6

Ingridientai:

- 1 parduotuvėje pirkta pyrago pluta
- 1 ½ svaro rikotos sūrio
- ½ puodelio maskarponės sūrio
- 4 plakti kiaušiniai
- ½ stiklinės baltojo cukraus
- 1 valgomasis šaukštas brendžio

Kryptys:

a) Įkaitinkite orkaitę iki 350 laipsnių pagal Farenheitą.

b) Sumaišykite visus įdaro ingredientus maišymo dubenyje. Tada supilkite mišinį į plutą.

c) Įkaitinkite orkaitę iki 350 ° F ir kepkite 45 minutes.

d) Prieš patiekdami pyragą laikykite šaldytuve bent 1 valandą.

82. Anisetės sausainiai

Porcijos: 36

Ingridientai:

- 1 puodelis cukraus
- 1 puodelis sviesto
- 3 stiklinės miltų
- ½ puodelio pieno
- 2 plakti kiaušiniai
- 1 valgomasis šaukštas kepimo miltelių
- 1 valgomasis šaukštas migdolų ekstrakto
- 2 arbatiniai šaukšteliai aniseto likerio
- 1 puodelis konditerinio cukraus

Kryptys:

a) Įkaitinkite orkaitę iki 375 laipsnių pagal Farenheitą.

b) Cukrų ir sviestą išplakti iki šviesios ir purios masės.

c) Palaipsniui įmaišykite miltus, pieną, kiaušinius, kepimo miltelius ir migdolų ekstraktą.

d) Minkykite tešlą, kol ji taps lipni.

e) Sukurkite mažus rutuliukus iš 1 colio ilgio tešlos gabalėlių.

f) Įkaitinkite orkaitę iki 350 °F ir sutepkite kepimo skardą. Sudėkite rutuliukus ant kepimo skardos.

g) Įkaitinkite orkaitę iki 350 °F ir kepkite sausainius 8 minutes.

h) Dubenyje sumaišykite aniseto likerį, konditerinį cukrų ir 2 šaukštus karšto vandens.

i) Galiausiai dar šiltus sausainius panardinkite į glajų.

83. Panna Cotta

Porcijos: 6

Ingridientai:

- ⅓ puodelio pieno
- 1 pakelis negardintos želatinos
- 2 ½ stiklinės riebios grietinėlės
- ¼ puodelio cukraus
- ¾ puodelio supjaustytų braškių
- 3 šaukštai rudojo cukraus
- 3 šaukštai brendžio

Kryptys:

a) Maišykite pieną ir želatiną, kol želatina visiškai ištirps. Pašalinkite iš lygties.

b) Nedideliame puode užvirkite grietinę ir cukrų.

c) Supilkite želatinos mišinį į grietinę ir plakite 1 minutę.

d) Padalinkite mišinį į 5 ramekinus.

e) Uždėkite plastikinę plėvelę ant ramekinų. Po to atvėsinkite 6 valandas.

f) Maišymo dubenyje sumaišykite braškes, rudąjį cukrų ir brendį; atvėsinkite bent 1 valandą.

g) Ant panna cotta dėkite braškes.

84. Karamelinis flanas

Porcijos: 4

Ingridientai:

- 1 valgomasis šaukštas vanilės ekstrakto
- 4 kiaušiniai
- 2 skardinės pieno (1 garintas ir 1 saldintas kondensuotas)
- 2 puodeliai plaktos grietinėlės
- 8 šaukštai cukraus

Kryptys:

a) Įkaitinkite orkaitę iki 350 laipsnių pagal Farenheitą.

b) Nelipnioje keptuvėje ant vidutinės ugnies ištirpinkite cukrų iki auksinės spalvos.

c) Dar karštą supilkite suskystintą cukrų į kepimo skardą.

d) Maišymo inde sumuškite ir išplakite kiaušinius. Maišymo dubenyje sumaišykite kondensuotą pieną, vanilės ekstraktą, grietinėlę ir saldintą pieną. Padarykite kruopštų mišinį.

e) Tešlą supilkite į ištirpintą cukrumi išteptą kepimo skardą. Įdėkite keptuvę į didesnę keptuvę su 1 coliu verdančio vandens.

f) Kepkite 60 minučių.

85. Katalonų kremas

Porcijos: 3

Ingridientai:

- 4 kiaušinių tryniai
- 1 cinamonas (lazdelė)
- 1 citrina (žievelė)
- 2 valgomieji šaukštai kukurūzų krakmolo
- 1 puodelis cukraus
- 2 puodeliai pieno
- 3 puodeliai šviežių vaisių (uogų arba figų)

Kryptys:

a) Keptuvėje išplakti kiaušinių trynius ir didelę dalį cukraus. Maišykite, kol masė taps putojanti ir vientisa.

b) Įdėkite cinamono lazdelę su citrinos žievele. Padarykite kruopštų mišinį.

c) Sumaišykite kukurūzų krakmolą ir pieną. Ant silpnos ugnies maišykite, kol mišinys sutirštės.

d) Išimkite puodą iš orkaitės. Leiskite atvėsti keletą minučių.

e) Sudėkite mišinį į ramekinus ir atidėkite.

f) Atidėkite bent 3 valandoms šaldytuve.

g) Kai būsite pasiruošę patiekti, apibarstykite likusį cukrų ant ramekinų.

h) Padėkite ramekinus ant apatinės katilo lentynos. Leiskite cukrui ištirpti, kol jis taps auksinės rudos spalvos.

i) Kaip garnyrą patiekite su vaisiais.

86.   Apelsinų-citrinų ispaniškas kremas

Porcijos: 1 porcija

Ingredientas

- 4½ arbatinio šaukštelio paprastos želatinos
- ½ puodelio apelsinų sulčių
- ¼ puodelio citrinos sulčių
- 2 puodeliai Pieno
- 3 kiaušiniai, atskirti
- ⅔ puodelis Cukrus
- Žiupsnelis druskos
- 1 valgomasis šaukštas tarkuotos apelsino žievelės

Kryptys:

a) Sumaišykite želatiną, apelsinų sultis ir citrinos sultis ir palikite 5 minutes.

b) Pieną nuplikykite ir supilkite trynius, cukrų, druską ir apelsino žievelę.

c) Virkite dvigubame katile, kol jis padengs šaukšto nugarą.

d) Po to supilkite želatinos mišinį. Saunus.

e) Į masę supilkite standžiai išplaktus baltymus.

f) Šaldykite, kol sustings.

87. Girtas melionas

Porcijos: nuo 4 iki 6 porcijų

Ingredientas

- Patiekalui 3–6 skirtingų ispaniškų sūrių pasirinkimas
- 1 butelis portveino
- 1 Melionas, nuimtas viršus ir be sėklų

Kryptys:

a) Likus trims dienoms iki vakarienės, supilkite į melioną portfelį.

b) Atvėsinkite šaldytuve, uždenkite plastikine plėvele ir pakeiskite viršų.

c) Išimkite melioną iš šaldytuvo ir nuimkite plėvelę bei viršų, kai būsite pasiruošę patiekti.

d) Iš meliono išimkite portfelį ir sudėkite į dubenį.

e) Nuėmę žievelę melioną supjaustykite gabalėliais. Sudėkite gabaliukus į keturis atskirus atšaldytus indus.

f) Patiekite ant garnyro su sūriais.

88. Migdolų šerbetas

Porcijos: 1 porcija

Ingredientas

- 1 puodelis blanširuotų migdolų; skrudinta
- 2 puodeliai šaltinio vandens
- $\frac{3}{4}$ puodelio cukraus
- 1 žiupsnelis cinamono
- 6 šaukštai šviesaus kukurūzų sirupo
- 2 šaukštai Amaretto
- 1 arbatinis šaukštelis citrinos žievelės

Kryptys:

a) Virtuvės kombainu susmulkinkite migdolus iki miltelių. Dideliame puode sumaišykite vandenį, cukrų, kukurūzų sirupą, alkoholį, žievelę ir cinamoną, tada suberkite maltus riešutus.

b) Ant vidutinės ugnies nuolat maišykite, kol cukrus ištirps ir mišinys užvirs. 2 minutes verdant

c) Atidėkite atvėsti Ledų gaminimo aparatu plakite mišinį, kol jis pusiau sustings.

d) Jei neturite ledų aparato, perpilkite mišinį į nerūdijančio plieno dubenį ir užšaldykite, kol sustings, maišydami kas 2 valandas.

89. Ispaniškas obuolių pyragas

Porcijos: 8 porcijos

Ingredientas

- ¼ svaro sviesto
- ½ stiklinės cukraus
- 1 Kiaušinio trynys
- 1½ stiklinės išsijotų miltų
- 1 brūkšnis druskos
- ⅛ arbatinio šaukštelio kepimo miltelių
- 1 puodelis Pieno
- ½ citrinos žievelės
- 3 Kiaušinių tryniai
- ¼ puodelio cukraus
- ¼ puodelio Miltų
- 1½ šaukšto sviesto
- ¼ puodelio cukraus
- 1 valgomasis šaukštas citrinos sulčių
- ½ arbatinio šaukštelio cinamono
- 4 obuoliai, nulupti ir supjaustyti
- Apple; abrikosų arba bet kokios pasirinktos želė

Kryptys:

a) Įkaitinkite orkaitę iki 350°F. Sumaišykite cukrų ir sviestą maišymo dubenyje. Sumaišykite likusius ingredientus, kol susidarys rutulys.

b) Tešlą iškočiokite į spyruoklinę formą arba pyrago formą. Laikyti šaldytuve, kol paruošta naudoti.

c) Dubenyje sumaišykite citrinos sultis, cinamoną ir cukrų. Supilkite obuolius ir išmeskite, kad apsemtų. Tai kažkas, ką galima padaryti iš anksto.

d) Į pieną įpilkite citrinos žievelės. Pieną užvirinkite, tada sumažinkite ugnį 10 minučių. Tuo tarpu kietoje keptuvėje suplakite kiaušinių trynius ir cukrų.

e) Kai pienas bus paruoštas, lėtai supilkite jį į trynių mišinį, nuolat plakdami ant silpnos ugnies. Plakdami ant nedidelės ugnies pamažu įmaišykite miltus.

f) Toliau plakite mišinį, kol jis taps vientisas ir tirštas. Nuimkite keptuvę nuo ugnies. Lėtai įmaišykite sviestą, kol jis ištirps.

g) Užpildykite plutą kreminiu kremu. Norėdami pagaminti vieną arba dvigubą sluoksnį, uždėkite obuolius ant viršaus. Pabaigus tortą įdėkite į 350°F orkaitę maždaug 1 valandai.

h) Išimkite ir atidėkite atvėsti. Kai obuoliai bus pakankamai atvėsę, kad galėtumėte juos apdoroti, pašildykite pasirinktą želė ir užpilkite ant viršaus.

i) Atidėkite želė į šalį atvėsti. Tarnauti.

90. Karamelinis kremas

Porcijos: 1 porcija

Ingredientas

- ½ stiklinės granuliuoto cukraus
- 1 arbatinis šaukštelis Vanduo
- 4 kiaušinių tryniai arba 3 sveiki kiaušiniai
- 2 puodeliai Pieno, plikytas
- ½ arbatinio šaukštelio vanilės ekstrakto

Kryptys:

a) Didelėje keptuvėje sumaišykite 6 šaukštus cukraus ir 1 puodelį vandens. Kaitinkite ant silpnos ugnies, retkarčiais papurtydami ar pamaišydami mediniu šaukštu, kol cukrus taps auksinės spalvos.

b) Karamelės sirupą kuo greičiau supilkite į kepimo indą. Leiskite atvėsti, kol sukietės.

c) Įkaitinkite orkaitę iki 325 laipsnių pagal Farenheitą.

d) Suplakite kiaušinių trynius arba visus kiaušinius. Sumaišykite pieną, vanilės ekstraktą ir likusį cukrų, kol visiškai susimaišys. Ant viršaus užpilkite atvėsusią karamelę.

e) Įdėkite kepimo indą į karšto vandens vonią. Kepkite 1-1½ valandų arba kol sustings vidurys. Kietas, kietas, kietas.

f) Norėdami patiekti, atsargiai apverskite ant serviravimo lėkštės.

91. Ispaniškas sūrio pyragas

Porcijos: 10 porcijų

Ingredientas

- 1 svaras grietinėlės sūrio
- 1½ stiklinės cukraus; Granuliuotas
- 2 kiaušiniai
- ½ arbatinio šaukštelio cinamono; Žemė
- 1 arbatinis šaukštelis citrinos žievelės; Sutarkuota
- ¼ puodelio nebalintų miltų
- ½ arbatinio šaukštelio druskos
- 1 x konditerinis cukrus
- 3 šaukštai Sviesto

Kryptys:

a) Įkaitinkite orkaitę iki 400 laipsnių pagal Farenheitą. Dideliame dubenyje sutrinkite sūrį, 1 šaukštą sviesto ir cukrų. Nedaužykite.

b) Po vieną įmuškite kiaušinius, kiekvieną kartą gerai išplakdami.

c) Sumaišykite cinamoną, citrinos žievelę, miltus ir druską. Keptuvę ištepkite sviestu likusiais 2 šaukštais sviesto, tolygiai paskirstydami jį pirštais.

d) Supilkite tešlą į paruoštą skardą ir kepkite 400 laipsnių temperatūroje 12 minučių, tada sumažinkite iki 350 laipsnių ir kepkite dar 25-30 minučių. Peilis turi būti be likučių.

e) Kai pyragas atvės iki kambario temperatūros, pabarstykite jį cukrumi.

92.   Ispaniškas keptas kremas

Porcijos: 8 porcijos

Ingredientas

- 1 cinamono lazdelė
- 1 citrinos žievelė
- 3 puodeliai Pieno
- 1 puodelis Cukraus
- 2 šaukštai kukurūzų krakmolo
- 2 arbatiniai šaukšteliai cinamono
- Miltai; gilinimui
- Kiaušinių plovimas
- Alyvuogių aliejus; kepimui

Kryptys:

a) Puode ant vidutinės ugnies sumaišykite cinamono lazdelę, citrinos žievelę, 34 puodelius cukraus ir 212 puodelių pieno.

b) Užvirinkite iki mažos ugnies, tada sumažinkite ugnį ir virkite 30 minučių. Nuimkite citrinos žievelę ir cinamono lazdelę. Sumaišykite likusį pieną ir kukurūzų krakmolą nedideliame maišymo dubenyje.

c) Kruopščiai išplakti. Lėta, tolygia srove įmaišykite kukurūzų krakmolo mišinį į pašildytą pieną. Užvirinkite, sumažinkite ugnį ir virkite 8 minutes, dažnai maišydami. Nukelkite nuo ugnies ir supilkite į sviestu išteptą 8 colių kepimo formą.

d) Leiskite visiškai atvėsti. Uždenkite ir atvėsinkite, kol visiškai atvės. Iš kremo padarykite 2 colių trikampius.

e) Sumaišykite likusius 14 puodelių cukraus ir cinamono maišymo dubenyje. Kruopščiai išmaišykite. Trikampius apvoliokite miltuose, kol jie visiškai apsems.

f) Kiekvieną trikampį pamerkite į kiaušinių ploviklį ir nuvarvinkite perteklių. Kremą grąžinkite į miltus ir visiškai uždenkite.

g) Didelėje keptuvėje ant vidutinės ugnies įkaitinkite aliejų. Sudėkite trikampius į karštą aliejų ir kepkite 3 minutes arba kol apskrus iš abiejų pusių.

h) Išimkite vištieną iš keptuvės ir nusausinkite ant popierinių rankšluosčių. Supilkite cinamono cukraus mišinį ir pagardinkite druska bei pipirais.

i) Tęskite su likusiais trikampiais tuo pačiu būdu.

93.   Itališkas artišokų pyragas

Porcijos: 8 porcijos

Ingredientas

- 3 Kiaušiniai; Sumuštas
- 1 3 oz pakuotės kreminio sūrio su česnakais; Suminkštėjo
- ¾ arbatinio šaukštelio česnako miltelių
- ¼ arbatinio šaukštelio pipirų
- 1½ puodelio mocarelos sūrio, dalis nugriebto pieno; Susmulkinta
- 1 puodelis Ricotta sūrio
- ½ puodelio majonezo
- 1 14 uncijų skardinės artišokų širdelės; Nusausintas
- ½ 15 oz Can Garbanzo pupelių, konservuotų; Išskalauti ir nusausinti
- 1 2 1/4 uncijos skardinės pjaustytų alyvuogių; Nusausintas
- 1 2 Oz stiklainis Pimientos; Supjaustyti kubeliais ir nusausinti
- 2 šaukštai petražolių; Nukirpta
- 1 pyrago pluta (9 colių); Neiškeptas
- 2 maži pomidorai; Supjaustyta

Kryptys:

j) Dideliame dubenyje sumaišykite kiaušinius, grietinėlės sūrį, česnako miltelius ir pipirus. Maišymo dubenyje sumaišykite 1 puodelį mocarelos sūrio, rikotos sūrio ir majonezo.

k) Maišykite, kol viskas gerai susimaišys.

l) 2 artišokų širdeles perpjaukite per pusę ir atidėkite. Susmulkinkite likusias širdeles.

m) Sumaišykite sūrio mišinį su kapotomis širdelėmis, garbanzo pupelėmis, alyvuogėmis, pimientos ir petražolėmis. Užpildykite tešlos kevalą mišiniu.

n) Kepkite 30 minučių 350 laipsnių temperatūroje. Ant viršaus reikia pabarstyti likusį mocarelos sūrį ir parmezaną.

o) Kepkite dar 15 minučių arba kol sustings.

p) Palikite 10 minučių pailsėti.

q) Ant viršaus išdėliokite pomidorų griežinėlius ir ketvirčiais supjaustytas artišokų širdeles.

r) Tarnauti

94. Itališki kepti persikai

Porcijos: 1 porcija

Ingredientas

- 6 Prinokę persikai
- ⅓ puodelis Cukrus
- 1 puodelis maltų migdolų
- 1 Kiaušinio trynys
- ½ arbatinio šaukštelio migdolų ekstrakto
- 4 šaukštai sviesto
- ¼ puodelio pjaustytų migdolų
- Stipri grietinėlė, neprivaloma

Kryptys:

a) Įkaitinkite orkaitę iki 350 laipsnių pagal Farenheitą. Persikus reikia nuplauti, perpjauti per pusę ir be kauliukų. Virtuviniu kombainu sutrinkite 2 persikų puseles.

b) Maišymo inde sumaišykite tyrę, cukrų, maltus migdolus, kiaušinio trynį ir migdolų ekstraktą. Norėdami gauti vientisą pastą, sumaišykite visus ingredientus maišymo dubenyje.

c) Supilkite įdarą ant kiekvienos persiko pusės ir sudėkite užpildytas persikų puseles į sviestu išteptą kepimo skardą.

d) Pabarstykite griežinėliais pjaustytais migdolais ir likusiu sviestu sutepkite persikus prieš kepdami 45 minutes.

e) Patiekite karštą arba šaltą, su grietinėlės ar ledų šonu.

95. Aštrus itališkas slyvų-slyvų pyragas

Porcijos: 12 porcijų

Ingredientas

- 2 puodeliai italų be kauliukų ir ketvirčių
- Slyvos-slyvos, virti iki
- Minkštas ir atvėsęs
- 1 puodelis nesūdyto sviesto, suminkštintas
- $1\frac{3}{4}$ puodelio granuliuoto cukraus
- 4 Kiaušiniai
- 3 stiklinės išsijotų miltų
- $\frac{1}{4}$ puodelio nesūdyto sviesto
- $\frac{1}{2}$ svaro cukraus pudros
- $1\frac{1}{2}$ šaukšto nesaldintos kakavos
- Žiupsnelis druskos
- 1 arbatinis šaukštelis cinamono
- $\frac{1}{2}$ arbatinio šaukštelio Maltų gvazdikėlių
- $\frac{1}{2}$ arbatinio šaukštelio Malto muskato riešuto
- 2 arbatiniai šaukšteliai kepimo soda
- $\frac{1}{2}$ puodelio Pieno
- 1 puodelis graikinių riešutų, smulkiai pjaustytų

- 2-3 šaukštai stiprūs, karšti
- Kava
- ¾ arbatinio šaukštelio vanilės

Kryptys:

a) Įkaitinkite orkaitę iki 350°F. Sviestu ir miltais ištepkite 10 colių Bundt keptuvę.

b) Dideliame dubenyje sutrinkite sviestą ir cukrų iki šviesios ir purios masės.

c) Po vieną įmuškite kiaušinius.

d) Sumaišykite miltus, prieskonius ir kepimo soda. Trečdaliais į sviesto mišinį pakaitomis su pienu suberkite miltų mišinį. Tik plakite, kad ingredientai susijungtų.

e) Sudėkite virtas slyvas-slyvas ir graikinius riešutus ir išmaišykite, kad susimaišytų. Pasukite į paruoštą skardą ir kepkite 1 valandą 350 ° F orkaitėje arba tol, kol pyragas pradės trauktis nuo skardos kraštų.

f) Norėdami paruošti glazūrą, sumaišykite sviestą ir cukrų. Palaipsniui suberkite cukrų ir kakavos miltelius, nuolat maišydami, kol visiškai susimaišys. Pagardinkite druska.

g) Vienu metu įmaišykite nedidelį kavos kiekį.

h) Plakite iki šviesios ir purios masės, tada suberkite vanilę ir papuoškite pyragą.

96. Ispaniškų riešutų saldainiai

Porcijos: 1 porcija

Ingredientas

- 1 puodelis Pieno
- 3 stiklinės šviesiai rudojo cukraus
- 1 valgomasis šaukštas sviesto
- 1 arbatinis šaukštelis vanilės ekstrakto
- 1 svaras graikinių riešutų mėsos; susmulkinti

Kryptys:

a) Virkite pieną su ruduoju cukrumi, kol jis karamelizuosis, tada prieš patiekdami įpilkite sviesto ir vanilės esencijos.

b) Prieš pat nukeldami saldainius nuo ugnies, suberkite graikinius riešutus.

c) Dideliame dubenyje gerai sumaišykite riešutus ir šaukštu supilkite mišinį į paruoštas bandelių formas.

d) Aštriu peiliu iš karto supjaustykite kvadratėliais.

97. Medaus pudingas

Porcijos: 6 porcijos

Ingredientas

- $\frac{1}{4}$ puodelio nesūdyto sviesto
- $1\frac{1}{2}$ stiklinės pieno
- 2 didelių kiaušinių; lengvai sumuštas
- 6 riekelės Baltos kaimiškos duonos; suplyšusi
- $\frac{1}{2}$ puodelio skaidrus; plonas medus, plius
- 1 valgomasis šaukštas Skaidrus; plonas medus
- $\frac{1}{2}$ puodelio karšto vandens; pliusas
- 1 valgomasis šaukštas karšto vandens
- $\frac{1}{4}$ arbatinio šaukštelio malto cinamono
- $\frac{1}{4}$ arbatinio šaukštelio vanilės

Kryptys:

a) Įkaitinkite orkaitę iki 350 laipsnių ir šiek tiek sviesto patepkite 9 colių stiklinį pyrago indą. Išplakite pieną ir kiaušinius, tada sudėkite duonos gabalėlius ir apverskite, kad jie tolygiai pasidengtų.

b) Palikite duoną mirkti 15–20 minučių, vieną ar du kartus apversdami. Didelėje nepridegančioje keptuvėje ant vidutinės ugnies įkaitinkite likusį sviestą.

c) Išmirkytą duoną kepkite svieste iki auksinės spalvos, maždaug 2–3 minutes iš kiekvienos pusės. Perkelkite duoną į kepimo indą.

d) Dubenyje sumaišykite medų ir karštą vandenį ir maišykite, kol mišinys tolygiai susimaišys.

e) Įmaišykite cinamoną ir vanilę ir pabarstykite mišiniu ant duonos ir aplink ją.

f) Kepkite apie 30 minučių arba iki auksinės rudos spalvos.

98. Ispaniškas svogūnų pyragas

Porcijos: 2 porcijos

Ingredientas

- ½ arbatinio šaukštelio alyvuogių aliejaus
- 1 litras ispaniškų svogūnų
- ¼ puodelio vandens
- ¼ puodelio raudonojo vyno
- ¼ arbatinio šaukštelio džiovinto rozmarino
- 250 gramų bulvių
- 3/16 puodelio natūralaus jogurto
- ½ šaukšto paprastų miltų
- ½ kiaušinio
- ¼ puodelio parmezano sūrio
- ⅛ puodelio kapotų itališkų petražolių

Kryptys:

a) Paruoškite ispaniškus svogūnus plonais griežinėliais ir sutarkuokite bulves bei parmezano sūrį.

b) Storadugnėje keptuvėje įkaitinkite aliejų. Kepkite, retkarčiais pamaišydami, kol svogūnai suminkštės.

c) Troškinkite 20 minučių arba tol, kol skystis išgaruos ir svogūnai taps tamsiai rausvai rudos spalvos.

d) Dubenyje sumaišykite rozmariną, bulves, miltus, jogurtą, kiaušinį ir parmezano sūrį. Suberti svogūnus.

e) Gerai riebalais išteptame 25 cm orkaitei atspariame inde tolygiai paskirstykite ingredientus. Įkaitinkite orkaitę iki 200°C ir kepkite 35-40 minučių arba iki auksinės rudos spalvos.

f) Papuoškite petražolėmis prieš pjaustydami griežinėliais ir patiekdami.

99. Ispaniškas keptuvės suflė

Porcijos: 1

Ingredientas

- 1 dėžutė ispaniškų greitųjų rudųjų ryžių
- 4 Kiaušiniai
- 4 uncijos pjaustytų žaliųjų čili
- 1 puodelis Vandens
- 1 puodelis tarkuoto sūrio

Kryptys:

a) Laikykitės pakuotės nurodymų, kaip ruošti dėžutės turinį.

b) Kai ryžiai iškeps, supilkite likusius ingredientus, išskyrus sūrį.

c) Pabarstykite tarkuotu sūriu ir kepkite 325 °F temperatūroje 30-35 minutes.

100. Šaldytas medus Semifreddo

Porcijos: 8 porcijos

Ingridientai

- 8 uncijų riebios grietinėlės
- 1 arbatinis šaukštelis vanilės ekstrakto
- 1/4 arbatinio šaukštelio rožių vandens
- 4 dideli kiaušiniai
- 4 1/2 uncijos medaus
- 1/4 arbatinio šaukštelio plius 1/8 arbatinio šaukštelio košerinės druskos
- Priedai, tokie kaip griežinėliais supjaustyti vaisiai, skrudinti riešutai, kakavos gabalėliai arba susmulkintas šokoladas

Kryptys

a) Įkaitinkite orkaitę iki 350°F. 9 x 5 colių kepimo formą išklokite plastikine plėvele arba pergamentiniu popieriumi.

b) „Semifreddo" stovo maišytuvo dubenyje su šluotele išplakite grietinėlę, vanilę ir rožių vandenį iki standumo.

c) Perkelkite į atskirą dubenį ar lėkštę, uždenkite ir atvėsinkite, kol būsite pasiruošę naudoti.

d) Statinio maišytuvo dubenyje suplakite kiaušinius, medų ir druską. Norėdami sumaišyti, naudokite lanksčią mentele, kad viską sumaišykite. Sureguliuokite šilumą, kad ant paruoštos vandens vonios palaikytų lėtą troškinimą ir įsitikinkite, kad dubuo nesiliestų su vandeniu.

e) Virkite nerūdijančio plieno dubenyje, reguliariai sukiodami ir gramdydami lanksčia mentele, kol sušils iki 165 °F, maždaug 10 minučių.

f) Perkelkite mišinį į stovo maišytuvą su šluotele, kai jis pasieks 165 °F. Kiaušinius plakite aukštai iki putų.

g) Ranka švelniai įmaišykite pusę paruoštos plaktos grietinėlės. Sudėkite likusius ingredientus, greitai išplakite, tada lanksčia mentele sulankstykite, kol gerai susimaišys.

h) Supilkite į paruoštą kepimo formą, sandariai uždenkite ir užšaldykite 8 valandas arba tol, kol bus pakankamai kietas, kad galėtumėte pjaustyti, arba kol vidinė temperatūra pasieks 0 °F.

i) Patiekdami apverskite semifreddo ant atvėsusio indo.

IŠVADA

Šioje knygoje sužinosite apie visas sūrio rūšis, patiekiamas „Mozzarella" bare. Taip pat rasite visas gudrybes, kurių reikia, kad gamintumėte naminius makaronus, želato ir picas, kurių skonis tarsi būtų atskraidintas tiesiai iš Italijos.

www.ingramcontent.com/pod-product-compliance
Lightning Source LLC
Chambersburg PA
CBHW070505120526
44590CB00013B/752